180日間営業変革プロジェクト

―チーム営業で成功する9つのプロセス―

株式会社アイマム
代表取締役社長
嶋谷光洋

日本食糧新聞社

はじめに

組織変革と成長への強い願望を持った日本を代表する企業の方々と共に、チーム作りをこの数年間行ってきましたが、その数は現時点で260以上となりました。トップダウンの組織風土だった会社の部下たちが上司や関連部署を巻き込みながら共に考え、問題解決する体験を積み上げボトムアップできるチームとして成長していく物語が、今もあちこちで生まれています。

全国各地で行っている各営業所でのチーム成果報告会では、「業績が上がっただけでなく、なんと残業も減りました」「会議時間が減ったのに、問題解決件数が増えました」「部下からの相談が増え、問題の早期発見になりました」「仕事の意義、やりがいを感じることができました」「一人で抱えず、仲間に相談することで課題が解決しました」といった声が寄せられています。チームが創発空間となり、組織風土の変革につながっていく様子を日々実感しています。

このような新たな価値を創造できる自由闊達な組織は、どうしたら作ることができるのでしょうか。さまざまなマネジメント理論がありますが、それらを導入すると実現できるのでしょうか。30年以上、営業組織のコンサルティングや研修講師として数多くのプロジェクトに関わってきましたが、人と組織は合理的には動かない、というのが私の結論です。

もっと感情に寄り添うことが必要です。一緒に悩んで考えてくれて一緒に成功体験が作れるような環境があるところは、間違いなく人が育っていきます。人が育っているチーム、発展している会社に共通しているものは、〝貢献〟〝仲間〟〝成長〟という言葉で表せるのです。お客さまにどのような貢献ができるのか、お客さまをどうやって喜ばせようか――常に皆がそういうことを議論している職場になっていることです。社員満足ができていないと顧客満足にまで至らない。社員が生き生きして仕事をしている環境があり、仲間と一緒に悩み考えて生み出した提案を顧客が喜び、達成感を仲間と共に味わい、顧客や社会・会社への貢献を経験することで、社員は自らの成長を感じられるようになるのです。

上司に権限が集中する組織では、こうはいきません。上の顔色ばかり見て仕事する社員の気持ちも理解できますが、上司の言うことをよく聞く社員が会社を発展させる時代は終わりました。上司の声以上に顧客の声を聴く、メンバーの声を聴く環境作りをすることで、一人ひとりが主体性を持った人財が育つチームを形成します。しかし、現場は今までのやり方にとらわれがちです。「ねばならない」といった従来の枠からなかなか抜け出すことができません。そこで私たちは「なぜ?」「それは本当に必要なことなのか?」「誰のため?」を繰り返し問いかけることで、現場が「本当にやりたかったこと」を引き出し、活力に転換させていきます。合理性や従来の枠ではなく、解き放たれた視点で物事を見る「しなやかさ」が変化と創造の原動力と確信しているからです。

この変化と創造を起こす組織風土作りのために私達がこだわってきたのが、「チーム力」です。なぜ、個人ではなく、チームなのか。お客様の期待を超える価値を提供し続けるためには、一人の力では限界があるからです。チームになることで一人では起きなかった化学反応、つまり、発想の転換が起きやすくなります。自分の経験に他人の意見が加わることで課題の整理もより的確になり、解決スピードも速くなることで、結果として顧客から「ゆるぎのない信頼」が獲得できるのです。顧客の感動を中心にして上司と部下、さらに、部門を超えて社員が忌憚なく意見を言える組織風土が最高の創発空間になるでしょう。

この創発するチームによるダイナミックな動きを会社全体に広げ、「貢献、仲間、成長」を実感できる、やりがいで溢れる社会の実現に貢献したい、と心から願うようになり、日本食糧新聞でコラム連載を始めたのは２０１５年４月。それから約2年間書き続けてきましたが、個々のエピソードだけでなく、全体像が分かるような本としてまとめたいと思うようになりました。

執筆にあたり、自分の人生も振り返りました。チーム力に目覚めたときのこと、自分の会社でもチーム作りを実践してきたこと、その中でどれだけ力をもらったかを感じました。また、１８０日間ということへのこだわりや自己変革への確信が自分の少年時代の原体験にあったことも思い出しました。

日本食糧新聞では月1、2回の頻度で、日々営業現場で起きているトピックスを一話完結型にして「チーム営業」というコラム名で漫画と共に掲載してきました。編集部としては初の漫画付きコラムということで期待も大きく、毎回の原稿が緊張の連続でした。連載企画段階では、イラストを一点入れるだけの予定でしたが、4コマ漫画で気持ちの「変化」を表現した方が伝わりやすいということで、漫画をつけることを快諾していただきました。

連載を進める中、日本広報学会理事の方から「広報のミッションとして社内コミュニケーションは重要なテーマになっています。アイマムのチーム作りはコミュニケーション改革の視点から広報活動でも参考になるので、ぜひ実務家の視点から整理して学会発表してほしい」と要請を受け、第21回日本広報学会研究発表大会（於：東京大学、2015年9月）に向けてまとめたのがチームマーケティングの考え方とそれを実現する9プロセスです。本著では、この9プロセスに合わせて漫画付き連載コラムを組み立て直しました。序章と第1章で背景や全体を貫く考え方を示しました。第2章から第9章までは営業現場の人たちが180日間のプロジェクトの中で仕事をど真ん中においてチームを作り、自己変革のみならず、組織風土改革していく姿を描きました。文章だけでなく、漫画に登場する人たちの表情や息遣いから、「変化」を感じてくださればば幸いです。

目次

序章

第1章 チームを作る

第2章 ビジョンを描く

第3章 正しい危機感を持つ

第4章 大いなる機会を発見する

第5章 やめることを決める

第6章 チームで成功体験を重ねる

第7章 お祝いをする

第8章 加速させる

第9章 変革を習慣化させる

序章

「仲間からの尊敬」という報酬

チーム営業を顧客企業と一緒に作り上げてきたのはこの約10年ですが、私自身がこのチーム力を実体験したのは、今から約20年前、30代前半の頃です。今でも鮮明に覚えています。「チームはすごい」と思ったのは、人財育成にかかわっていた顧客企業からプロジェクトの相談を受けた時。その案件は15名の講師と3名のスタッフを必要とする新入社員育成のプロジェクトでした。

当時は私ともう1名しか新入社員育成を担当できる講師がいなかったため、15名の講師を新規に探すことと、研修の運営経験があるスタッフ3名を探す必要がありました。発注企業側のご担当者とは長年のお付き合いであったため、その状況を承知でのことでした。「嶋谷さんの研修は社員がとにかく元気になるんですよ。ですから、そのコンセプトで教育をしたいので全てをお任せしたい。」と言われた時には、感極まり、必ず成功させるという決意で臨みました。

新入社員教育は4月に一斉にスタートしますので、準備は当然ながらそれまでに終えなければなりません。そのため、人員もスタッフもまだ揃ってない1月頃は、新入社員研修の会場から開始時間になっても講師が来てないという電話がかかってくる夢を見て、夜中に飛び起きたことも数回ありました。レベルの高い講師は、すでに新入社員研修の時期は昨年のお客様からリピートをもらいますからなかなかおらず、かといってマニュアルに書かれたことを教えるだけでは新入社員が現場に配属されてから一歩踏み出す程まで効果が続かない。私の求めるレベルの講師を15名揃えることは難航を極めました。特に、お客様から評判のよい講師を紹介してもらって面会に行くと、たいていは昨年のリピートで日程が埋まっていました。

そこで、視点を変えて新入社員研修をすることが少ないコンサルティング会社へ相談にいきました。コンサルティング会社は新入社員研修をしないところも多いのですが、企業の現場をよく歩き、企業競争に打ち勝つ戦略から戦術までを支援するバリバリのビジネスパーソンが多くいるため、影響力のある講師に育成することは短時間で可能だと考えたのです。この時期は人に会ったら「影響力のある講師を紹介してください！」とお願いしていましたので、紹介の紹介の紹介という数人先からの紹介を受けた講師がほとんどでした。このうちの二人はその4年後には㈱アイマムの役員として活躍してくれることになりましたので、**お客様のための努力が結局は自分のためになる**ことも経験から学びました。なりふり構わずとにかく講師に会うことで、15名の講師と経験のあるスタッフ3名を集めることができたのです。これが私のチーム作りのはじまりでした。このチームによって、私がアイマムを設立する大きな動機を与えられることになります。

この研修チームのミッションは、この新入社員プロジェクトを成功させること。目標は新入社員が職場に配属されて業務が遂行できる基本知識と技術を習得し、各科目の確認テストに全員一発で合格すること。そして、高いプロフェッショナルマインドが体得できていること。顧客企業は世界を相手にする法人のシステム開発を事業としていたため、提供する内容は、プロフェッショナルとしてのマインド、マナーからマーケティング、アカウンティング、マネジメント、ＩＴリテラシーまであり、期間も3ヶ月以上にわたっていました。そのために私は分野ごとにリーダーを決めて権限を委譲し、各講師の得意分野のカリキュラムと資料を作ってもらい、講師が得意な科目を他の講師に教えるという方針にしました。1日の研修が終わったらクラスの進捗を毎日情報共有し、互いに与え合うということが運営ルールとして生まれました。

この新入社員プロジェクトは大成功を収め、長年にわたりリピートをいただけることになるのですが、プロジェクト打ち上げの席で、とてつもない報酬を得ることになりました。それは「**仲間からの尊敬**」です。夜遅く、私がホテルのロビーに降りていくと、講師が集まって熱く議論しているではありませんか。別に私が頼んだわけではないのですが、18名がチームのミッションと目標を実現するため、真剣に議論する姿に衝撃を受けたのです。「すごい！どうしてそんなに頑張ってくれるの!?」と驚いてしまったのです。夜中まで熱く議論する講師達の姿は、互いに尊敬し合っているように見えました。約1ヶ月後、全日程を終了し、打ち上げの食事の後、皆でカラオケボックスに入り、なんと、解散したのは深夜3時。一曲も歌を唄うことなく、ずっとこのプロジェクトの話に終始しました。感動したことや危機をどう乗り越えたのかなど、チームを組んだ講師がいかに思いやりを持って協力し、切磋琢磨し合い成長できたのかという相手への尊敬と感謝の言葉で埋め尽くされました。プロジェクトの総監督をやっていた私に対しては、「こんなすばらしいメンバーと環境で仕事ができて本当にしあわせです」と感謝の言葉をたくさんもらいました。素直に心が震えました。仕事をしていてこんなに嬉しい、誇らしい気持ちになったことは初めてでした。それまでの金銭的報酬に勝る「仲間からの尊敬」がもたらす充実感を全身で味わったことで、私の仕事への価値観は大きく転換しました。

ビジネスの世界に入って初めて他人の成功を心から願い、尊敬し、信頼するという体験をさせてもらいました。この気持ちでチーム作りができるなら会社を経営してみたいという思いが、アイマムを設立した動機です。振り返ると、初めて勤めたOA機器の会社では営業成績トップになり、ボーナスS評価、朝礼での表彰も多数経験しましたが、そこには自己満足しかなかったのです。周囲からおめでとうという声をかけてもらえましたが、このチームで味わった喜びから比べると小さなものでした。チームでミッションを成し遂げる過程で生まれる仲間との一体感と、「メンバーからの感謝と尊敬という偉大な報酬」に目覚めさせてもらいました。何かのきっかけと気づきがあれば、人は変革を続けることができるのです。

180日間で変革できる確信

チーム力に目覚める少し前のことです。私がコンサルティング会社に勤めていた20代の頃ですが、取引先企業から私の上司がいない会議でこそっと「このコンサルいつまで続くの？終わりはないの？」とささやかれて、しきりと同感しました。顧客企業の立場に立てば、終わりのないコンサルティングは終わりのないコスト負担になり、出口が見えない暗い道のりです。顧客企業がコンサルティングを必要としなくなり巣立っていく姿を見送るのが理想だろうと、その頃から考えていました。本著の軸であり、私が仲間と開発してきた「１８０日間プロジェクト」の命名は、コンサルティングに終わりがあることを明確にするためです。では、１８０日間で組織は変わるのでしょうか。ここ4年間で260チームを手掛けてきた私が、確信を持って述べます。**１８０日間で組織風土変革は必ずできます。**では、なぜ１８０日間なのでしょうか。もちろん、90日、３６０日とさまざまな期間で試行錯誤しましたが、1年だと間延び感がありました。１８０日以下だとチームで成功体験はできても、それがチームで生み出せる仕組みとして現場に根づくまでには、時間が短すぎるのです。

私自身の原体験もあるかもしれません。「自己変革はできる」といった確信はどこからきているかしばし考えてみたところ、高校時代までさかのぼりました。私が小学生の頃はいじめられっ子でした。体力もなかったため、骨折させられたこともあります。登校拒否もした子どもでしたから、普通の子どもにあこがれました。仮面ライダーみたいに強くなりたい、変身したい、というのが当時の夢でした。その夢を叶えたくて、高校生の時におそるおそる少林寺拳法の門をたたきました。運動ができなかったこともコンプレックスの一つでしたから、高校では運動クラブに入り、クラブが終わって少林寺拳法の道場に通うハードなスケジュールでした。体を壊さないかとよく心配されましたが、本人は日に日に強くなる自分を感じ楽しい毎日でした。半年間で茶帯を取ると決めて、実現したことが自信になりました。卒業する頃には「オレってすごい！」と自画自賛していました。卒業の寄書きに「変化は最高の贅沢だ！」と書いた記憶もあります。就職した後も少林寺拳法を続け、小中学生を指導する立場になった頃、小学校４年生の男の子がいじめられるという理由で父親につれられて入門してきました。毎回練習で泣いており、今日で辞めてしまうかなあといつも心配でした。しかし、１年後には口笛を吹きながら颯爽と自転車で帰宅する彼に「お前、つよなったなー」と声をかけながら、昔の自分が重なりぐっときました。人は変われますね。

仲間の力を信じることが成功への道

２０００年、アイマム設立後はモチベーションの高い社員に囲まれて、誇りを持って仕事ができました。取引先企業から大きな可能性を感じていただけたようで、２００２年に約２０００名が職種を転換するプロジェクトを大手企業から依頼された時は、60名の講師チームを３年間運営しました。２００４年にはベンチャーの大手通信会社が３０００名の新入社員採用をすることがニュースとなり、新聞発表されるほどでした。競合がひしめく中でアイマムが受注に成功し、過去に例を見ない大型研修が２ヶ月間かけて実施されました。この時は私がチーム力を初めて実感した時から10年が経っていましたので、90クラス１５０名の新規講師を擁するプロジェクトは企画、会場設営、運営までかつてない大きな規模でしたが、不思議と不安はありませんでした。**仲間の力を信じていましたから、必ず成功するという自信と確信を持っていたのです。** 10年前の新入社員プロジェクトと比べると、肩に力を入れることなく成し遂げることができました。

これまで自分自身のチーム作りで一貫してきた原則を、振り返って整理してみると次の４つになりました。

（１）このチームのミッションはなにか

（２）チームにとって最も大切な目標はなにか

（３）目標を達成する戦略はなにか

（4）チームが尊重すべき約束はなにか

これをみんなで作り上げるから、やらされ感から解放されて、**自由闊達《かったつ》**なチーム運営が可能になったと思います。営業チームのミッションは明確だろうか、そこから生まれる目標、戦略、戦術、業務プロセス、などが**顧客ニーズに向いているだ**ろうか、と問い続けていくこと。これがチーム作りの原則といえます。私が会社を経営する上で何が一番重要な情報かと聞かれたら、迷わず「顧客ニーズ」と答えます。顧客ニーズと私たちのミッションが合うお客様には、チームで力を合わせて全力で顧客ニーズを叶えられるよう、知恵を出し合って価値創造に取り組みます。一方で、顧客ニーズと私達のミッションが合わなければ無駄な時間も多く、疲労する仕事になります。よって、自分達のチームのミッション、「**何のために集まっているのか**」を明確にし、共有することがチーム作りの大事なポイントだと確信しています。

人が育ち業績も上がる理想的な営業所との出会い

きっかけは2010年頃の話になります。顧客企業から営業力強化の相談を受けたことにはじまります。背景と目的を質問したところ、「業績を上げるためにはもっと営業マンのスキルを上げる必要がある」ということでした。日本の人口が減っていくのに、会社目標の売上げを上げ続けなければならない。お客様の要求が高くなっているにもかかわらず、コンプライアンス重視で残業もさせてもらえない状況もある。休暇は年々増えるが目標は年々高くなり、給与も高くなるから当然とはいえ、大きく何かを変えないと今までのままでは目標は達成できない。私は本社営業本部の本部長の方に質問をしました。

嶋　谷「営業マンが育って業績も上がっている。そんな理想的な営業所って存在するのですか？」

本部長「存在します」

嶋　谷「その営業所は何が他の営業所とちがうのですか？」

本部長「伝統です。**その営業所では無理な残業もせずに楽しそうに目標を達成することが伝統なんです**」

違いは伝統ですか……。半分納得、半分やっかいだとも感じました。もし、伝統なら、どのくらいの熟成年数が必要なのか。これから伝統をつくるなら、売上げが上がり続ける営業所が揃うまでに何年、何十年もかかってしまうからです。時間がかかるなら、プログラムにはできないかもしれないと思いましたが、とにかく素晴らしい営業所が実際に存在しているなら、そこに何があるのか行くしかない。たいへん興味をそそられた私は、さっそくその営業所へヒアリングにお伺いする許可をいただき、メンバーと共に訪問しました。そこに行って、見て、感じて、聞けばいい。そうすれば、営業マンが育って業績が上がる理想の営業所をつくる要素を知ることができるからです。

どの営業所よりもダントツに業績がよい、それは営業マン一人当たりの売上げも利益も高いので、さぞかし時間を気にしながらバリバリ仕事をしているのだろう。そこに私たちが訪問して一人ひとりにヒアリングしたいと言えば面倒がられるだろう、とちょっと躊躇《ちゅうちょ》しましたが、現場を視察することになりました。意外なことに、打診をするとすぐにそこの所長から電話があり、「ヒアリング前夜に食事をしませんか。営業所の概要を先にお伝えしておきたいし、嶋谷社長からのご意見、アドバイスもぜひともお願いしたいので。こんなありがたい機会はめったにない」との返事。その姿勢に感心したのは言うまでもありません。事前に概要を教えてもらえれば効率的、効果的にヒアリングができますし、食事をすることで仲良くなれば、話もしやすくなるからです。

当日は朝礼からの視察となりました。時間前から全員がキビキビ集合し、理念、行動指針の唱和からはじまり、連絡事項の共有、免許証の確認と進みました。**誰もがリラックスしながらも真剣に取り組む姿**がありました。時間を大事にしている緊張感のある朝礼が10分で終了し、各チームに分かれての個別朝礼に移りました。ちなみに、数年が経た現在では、朝礼で一人1分、1ヶ月の間にお客様に誉められたこと、喜んでもらったこと、何をがんばってきたのか、どういう工夫をしたのか、などをパワーポイントにまとめた発表が行われています。**自分の活動や感動を振り返り、まとめ直して発表するプロセスが、お互いに学習する組織作り**を加速させているのです。

20名の所員、パートの事務員さんも含め全員に対して1日かけてヒアリングしました。感想を一言で言うならば、「**みんなが主人公になっている**」組織。この営業所は商品の仕入れ、販売、在庫管理、配送などの役割があります。一般的に営業所は販売チームが上位に位置づけられているのですが、ここは違いました。一見頼りなさそうに見える仕入れ担当社員が、「この営業所の業績は、私たち仕入れチームの力で持っています」と胸を張って言ったのです。その表現の力強さに圧倒されました。誇りを持っている様子がすぐに伝わってきました。

販売チームメンバーの業績は当然目を見張るものがありましたが、何よりも、一人ひとりのメンバーの表情、意識が気持ちいいのです。予算に追われている感がないのです。とにかくお客様のことを考えている。そして、自分たちのことはもっと考えていました。なんと、顧客企業内における自社のシェアを１００％にできると言い切っているのです。この業界は日々消費される食品を扱っているので、業界平均的には顧客企業内のシェアは、リスク分散も考えると30％程度が上限といえます。そのリスクも知りつつ、地域大手の顧客企業のシェアが60％を超えているわけですから、この数字だけ見ても、どれだけ顧客から信頼されているかが分かります。営業担当者は「営業所の経営資源を考えれば１００％も夢じゃない。自分たちがどれだけ消費者や顧客企業のお役に立てるかが勝負です」と言い切るのです。そこには見栄も気負いもなく、営業所だけでなく会社の総力をあげればできるし、それを実現できた時の姿が楽しみでしかたがない、という雰囲気に満ちていました。

全社員ヒアリングを終えた後、所長がとっておきのビジョン・戦略ロードマップを見せてくれました。顧客企業との関係や営業所がどうなっていたいかが描かれ、それを実現する年度ごとの目標と戦略が置かれていました。これを所員に見せながら、所長が実現したい営業所の姿をよく語っているとのことでした。前任の所長についても思い出深いエピソードを話してくれました。「事務員さんが雪かきしているのに、販売営業マンが知らん顔していられるとはどういうことだ！」と叱られたそうです。**「それぞれの仕事があってこの営業所が成り立っているんだ！　人を大事にするんだ！」**と口酸っぱく指導されていたそうです。また、「オレの子どもをこの会社に就職させたいと思える会社にしたいなあ」とよく言っておられたとのことですから、この組織風土はまさに受け継がれてきたものだといえます。

そもそも、食品業界はトップダウン指向が強く、大方の営業所が所長の指示通り一所懸命に働く組織です。私が長年お世話になっている会社があり、その会社の素晴らしさは十分に理解していたのですが、統制がとれすぎているため個々人の創造性が発揮されにくい組織風土になっていました。しかし、ここの営業所は違いました。朝礼で毎朝唱和される企業理念、行動指針を実践すべく皆が自然に考え、行動していました。社員が上だけを見るのではなく、お客様や周囲の社員を見ているのです。社員が上の言うことを聞くばかりでなく、お客様の先にいる一般消費者や関係企業にも耳を傾け、顧客以上に顧客のことを考えた提案を行っていました。「もっと顧客企業に喜んでいただくには、どうしたらいいだろうか」「もっといい仕事のやり方はないだろうか」「理念を実現するために、もっとやれることはないか」という会話が営業所のあちこちから聞こえてくるのです。中には、さらに一歩進んで「顧客に衝撃を与えよう！」と燃えているチームもありました。他者への心遣いや共感力、理解力がここの営業所には存在すると感じました。心理的安全性が確保され、心地よい緊張感ある雰囲気をチーム内に育み、本来の自分をさらけ出すことができていました。この組織風土が営業所の生産性を高めていたのです。この営業所との出会いが、本書のテーマとなる180日間営業変革プロジェクト誕生のきっかけとなりました。

組織風土が業績を作っている

全国各地のさまざまな企業の営業所を訪問して感じることは、高い業績と組織風土は比例しているということです。成果をあげる、つまり、売上げや利益を向上させるために、マネジャーはメンバーの行動や意識を変えようとしてきました。そのために、社員に研修を受けさせるという行為が通常行われています。そして、一般的な企業研修も概ね、行動変容と意識変革をゴールとしています。しかし、いくらインパクトのある研修を受け、意識が変わったと思っても、それは一時的であり、長続きはしません。つまり、現場にもどると、ある期間で元の状態に戻る。これが企業内研修で繰り返されている実態です。

一方で、意識が変われば、行動が変わり、行動が変われば結果が変わるということも周知のことです。しかるに、意識はその人それぞれの考え方であり、考え方は、その人の日々の体験と情報の集積です。つまり、一時的な研修での体験よりも、日々の仕事の方が圧倒的に時間も長く、そこから得られる情報量も研修とは比べものにならないほど膨大です。それ故、人の考えは仕事から多大な影響を受けています。結果として、人の集合体が組織であるので、組織風土は人の考えの集合体であるといえます。ここで、人の考えが組織風土を創り、組織風土からの日々の体験が人の考えに影響しているという循環が成立します。

この考え方をベースにすると、組織風土が業績を作っていると言い換えることができます。私たちはここに着目しました。180日間営業変革プロジェクトは、組織風土を新しくすることを目的としています。その結果、想像をはるかに超える高い業績を創れるチームが誕生するのです。さらには、チームで連続的な成功体験を繰り返すことを意図し、その成功体験が組織風土を変えました。そこに個人の意識と行動変容を起こすというモデルが実現したのです。私たちは現場まで出向き、共にビジョンを作り、現場からビジネス機会を発見し、情報共有と問題解決のための会議を指導しました。それはすべて、組織風土を新しくするためです。**業績を上げるチームへ変革するためには、現場体験を変えること。そこに着眼して、開発したプログラムが「180日間営業変革プロジェクト」です。**

「180日間営業変革プロジェクト」
風土変革ピラミッド

組織風土を変革することは、変容した行動が当たり前の状態になっていること。180日という期間はチームの一体感をより強くし、皆ですぐに問題解決し、新しい価値を創造できる組織となるのに必要な期間であり、人が育ち高い業績を生み出し続けることが可能になります。

このプロジェクトで何が変わるのか。ひとことで言うなら、組織風土がトップダウンからボトムアップに、上意下達から自由闊達に変わります。参加するチーム内メンバーの相互支援を通じた成長・成功体験が、考え方や行動を変容させます。その結果、組織風土が変わり、チームで知恵を出し合い顧客に新しい価値を提供することで、顧客からの評価を得て、業績も向上するというスパイラルが形成される循環を実現する仕組みが出来上がります。ビジョンを描き、戦略を議論し尽くし、実行する過程において、**チームで共通の成功体験（WOW！）と情報が共有できます。**お互いの考えの理解が促進され、同じビジョンに向かって力を合わせることができると「人が成長する組織風土」へ変革していくのです。

成果創出のメソトロジー

ここで、「成果創出のメソトロジー」について整理します。当たり前ですが、多くの営業の現場では予算が設定されています。この予算はどのように決められているでしょうか？　マーケットの状況はちらりと頭をかすめるものの、「前年の実績」に対し「いくらか上積み」されて設定されるのが、ありがちな方法です。何となく厳しそうだから102％とか、いやいや、もう少し行けそうだから110%とか、明確な根拠があるような無いような……。

まず、私たちは現状分析の論点にメスを入れます。儲かるための顧客構造はどうなっているか？ 業務の効率を上げたり、コストを下げたり、機会損失の機会をなるべく少なくするにはどうするか？ チームの潜在力がどのくらいあるか？ これらを踏まえて「リレーショナル戦略マップ（RSM）」に、実行計画の設計図を落とし込んでいきます。これをするだけで、今まで見えていなかった「顧客の可能性」や「何となく習慣でやっていたこと（残念ながら、日報などだったりするケースもあります）」が明確になり、「何をやることが成果につながるか（この段階ではつながりそうだ）」が見えてくるのです。

不思議なことに、「成すべきことが見えること」だけで不安が払拭され、やれる感が沸いて、やってみたくなります。チームでワイワイと話しあって決めることも後押ししてくれます。そして1ヶ月後、フォローで訪問する頃には、「できました！」「みんなで約束したので、勇気を出してやってみました」という声があがってきます。

もちろん、できたことばかりではありません。「何もできませんでした」ということもあります。やりたいことができない。皆で決めたのに継続しないということもあります。また、動いたことによって新しい問題が発生することは、よくあります。ここで「アイマム流アクションラーニング」が武器となり、チームを助けます。アイマム流アクションラーニングとはチームメンバーが全員参加し、わずか30分という短時間で、問題の真因を探り当て、解決策案を創出するというもの。プロジェクトの初めの頃は、私達のリードで行いますが、一度手法を知ってしまえば、誰でも簡単に使える手法です。共通言語化された手法として独り歩きをしています。短時間で結論を出す、ダメだったらさっさと別の手を打つ。このサイクルがチームでPDCAをまわすスピードを加速します。

フォローにお伺いすると、前回決めたアクションプランの進捗を確認します。プロジェクトの半ばを超える頃になると、リレーショナル戦略マップもシャープなものになってきて、どんな行動が成果につながるのか、経験を積んで分かり、本質をついたものになってきます。そして、アイマム流アクションラーニングを通じて、正直でオープンなコミュニケーションができるようになり、お互いを支援するように変わってくるのです。「**チームは個人より優れた業績をあげる**」ことは学術的にも証明されていますが、その事実を体験しチームはますます一体感が強くなっていきます。このステップを「180日間（という短期間）」で、「確実に」仕込んでいく。これが「180日間営業変革プロジェクト」の肝なのです。

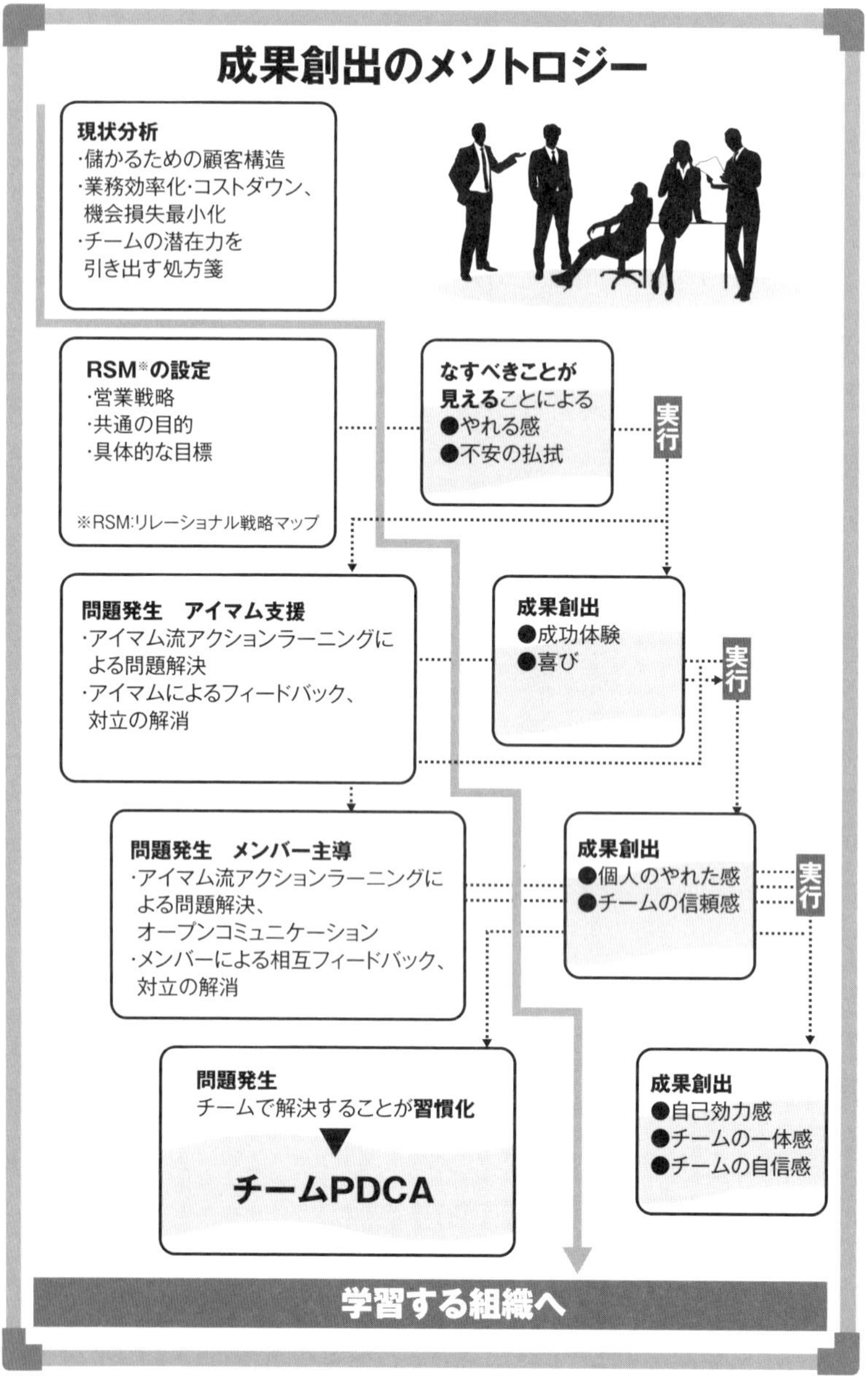
成果創出のメソトロジー
現状分析
·儲かるための顧客構造
·業務効率化·コストダウン、
機会損失最小化
·チームの潜在力を
引き出す処方箋
RSM※の設定
·営業戦略
·共通の目的
·具体的な目標
※RSM:リレーショナル戦略マップ
なすべきことが
見えることによる
●やれる感
●不安の払拭
実行
問題発生　アイマム支援
·アイマム流アクションラーニングによる問題解決
·アイマムによるフィードバック、対立の解消
成果創出
●成功体験
●喜び
実行
問題発生　メンバー主導
·アイマム流アクションラーニングによる問題解決、
オープンコミュニケーション
·メンバーによる相互フィードバック、対立の解消
成果創出
●個人のやれた感
●チームの信頼感
実行
問題発生
チームで解決することが習慣化
▼
チームPDCA
成果創出
●自己効力感
●チームの一体感
●チームの自信感
学習する組織へ

チームで成果を出すための9プロセス

さて、次章からの内容の解説に移りましょう。私たちが提唱するチーム作りは「人が育つ、業績のあがるチームを作ること」です。「チームマーケティング」として提唱し（2015年9月）、企業に提供する場合には「180日間営業変革プロジェクト」としています。全体で9つのプロセスから構成されています。

9つのプロセスとは、**①チームを作る**、**②ビジョンを描く**、**③正しい危機感を持つ**、**④大いなる機会を発見する**、**⑤やめることを決める**、**⑥チームで成功体験を重ねる**、**⑦お祝いをする**、**⑧加速させる**、**⑨変革を習慣化させる**。この9つのプロセスを第1章からの章立てに当てはめて解説を入れました。各章の内容は次の通りです。

①チームを作る

仲良くなるだけのチーム作りではなく、仕事をど真ん中に置き「顧客への貢献を軸にしたチーム」を作り、2つの論点と5つのテーマを追いかけます。

2つの論点とは、

・儲かる事業構造を作ること

・チーム力を最大化すること

5つのテーマとは、

テーマ1：より収益性の高い事業構造を作るために、売上高を上げるにはどんな機会を獲得すべきか

テーマ2：業務の効率化を通じていかにコストを削減するか

テーマ3：クレームや欠品による機会損失を発生させていないか

テーマ4：チーム力を最大化するために、ビジネス基盤・新規創造力の観点からどう組織力を上げるか

テーマ5：チーム・個人の特性を把握し、いかに成長へリードするか

この2つの論点と5つのテーマを念頭に置きながらプロジェクトの核となる「リレーショナル戦略マップ」を作成し、現場で実行できる枠組みを作ります。この最初のチーム作りでは、現場が頑張ってきたことをヒアリングして承認していくプロセスが欠かせません。

②ビジョンを描く

現場のビジョンを聞くと、「3年後のビジョン？　それは経営者が考えることであって営業所に必要なのか」といった反応が返ってきます。この意識から変えていく必要があります。現場、ここでは「**営業所としてのビジョン、自分たちのありたい姿を思い描く**」こと、それを皆で言葉にして共有することで、やらされ感がなくなり、自分事化することができるからです。3年後にどんな働き方をしたいのか思い描き、難しく考えず、感じたことをどんどん言葉にしていく。そして、ありたいチームの姿を組み立てていくのです。

営業会議が売上げ数字の話から始まるばかりでは、社員はやる気が出ません。やる気が出なければ、仕事はこなすだけになって効率が悪くなり、残業も増え、果てはウツになってしまうこともあります。財務だけでなく、非財務の視点を盛り込むことをリーダーは意識してほしい。非財務とは、例えば3年後に顧客とどんな取組みができるようになっていたいか、どう成長していたいか、どんなチームになっていたいか、顧客からどう評価される営業所になっていたいか、という数字以外の働き方のことです。そして軸をぶらさずワクワクできることが、結局は突破口になるのです。私たちは「経営は環境適応である」と習ってきましたが、『新しい未来を社員皆で考え、創っている会社』こそが、今は伸びる時代なのです。

③正しい危機感を持つ

将来の課題やリスクに向き合えるチームを作り上げることができれば、環境変化に強い組織になるといえるでしょう。しかし、多くの場合、日々降りかかる仕事に対応するのが精いっぱいになっていないでしょうか。とはいえ、「さあ、業界の将来課題やリスクについて話し合いをしよう」と言っても、なかなかできるものではありません。そこには、きっかけ作りが必要です。**業務に関するまじめな雑談をする習慣をつけることで、環境変化に強い組織を作ることができる**といえます。

シェア獲得競争について洞察してみることも有効です。顧客内における自社商品納入シェアは意外とわからない営業が多いものです。もちろん、シェアトップとなれば、マーケットを顧客と一緒に創造するパートナーとなるので理想的といえます。しかしながら、昨今は資本提携などにより政治的に1番シェアが取れないこともあります。では、シェア2番手、3番手のポジションに位置する場合、何をすべきに営業活動を進めればよいのでしょうか。顧客内信頼度ナンバーワンという目標はいかがでしょうか。シェアは売上げだけではないのです。顧客現在、どのようなポジションにいようが、バイヤーの信頼を勝ち取り、存在感でシェアナンバーワンを目指すことはできます。それは、何かことが起こった時に、どのメーカーよりも先にバイヤーから声がかかるポジションを獲得することを意味します。これが圧倒的2番になることです。顧客の声を聞いたり、シェアを把握し、正しい危機感を持てば、自ずと次の目標は明らかになります。

④大いなる機会を発見する

自分たち営業所のありたい姿をビジョンマップで描いたら、その目標に向かって進みます。利益の源泉となる取引先を2つの軸、つまり、縦軸は「顧客成長性」、横軸は「顧客内シェア」で重点顧客を特定します。顧客成長性とは、業績予想、店舗拡大戦略をとっているか、一般消費者へのサービス向上努力や社員の熱意などに将来性があるか。顧客内シェアとは、顧客から自分たちの会社がどのくらい重視されているか、全体取引額の比重はいくらか、相手基点で分析します。そして望ましい収益構造を考え、新たな機会を創出します。この会議を進める際に、上司は自分の意見を言う前に部下の意見を聞くといった人財開発の手法を入れると、次へのエネルギーが増していきます。

大いなる機会発見のためには、チームで重点顧客への貢献を見直します。商品を売ろうとする発想を捨て、顧客を取り巻く環境をじっくり観察する、異業種の情報をインプットすることや顧客の先の先まで見る、女性社員が生活現場に足を運び感じたことや、生活者データを生かしながら機会を発見したチームもあります。

⑤やめることを決める

営業の現場はいつも時間がない、目の前の売上げで手がいっぱい、じっくり分析する機会がない、研修に出ている時間がない、研修しても営業現場で生かせない、かえってやることが増えて忙しくなる、といった声をずいぶん聞いてきました。それを乗り越えるためには、**最初にやめることを決めて時間を作ることが必要**です。一人ではやめることは決められません。しかし、皆で具体的に数字を出して算出していけば、無駄な時間が明確となり、やめることを具体的に決めることが可能となります。

そもそも会議は何のためにあるのでしょうか? 本来は、みんなで知恵を絞り合いながら、組織が抱えている問題についての解決案を探り出したり、新しいアイデアを生み出したりするための場のはずです。しかしながら、単なる報告会であったり、長くて、退屈で、何も決まらない会議になったりしていることがあります。会議を「参加するのが楽しい場」、「思わず意見を言いたくなる場」、「決めたことを実行したくなる場」にしていきませんか。アイデアを出せる場があれば創発空間が生まれ、10分でも質が高く集中力のある会議を実現することができるようになります。やめることも実行することも自由自在になり、成果に集中できる環境がつくれるようになっていきます。

⑥チームで成功体験を重ねる

仕事の終了時は、自分に対して「今日はよく頑張ったな。これから自分の時間を楽しもう」と充実した顔で帰宅したいですよね。これを職場全体ですることで組織が活性化します。つまり、一人ではない感覚が大切なのです。始業時もしくは終業時に2分。たったの2分です。お互いの今日の気持ちを雑談っぽく会話するだけで、職場の雰囲気は変わります。「**聴いてもらえる喜び、話す喜び、共感してもらえる喜び**」は、それほど大きな力となるのです。

逆転満塁ホームランの成功体験をしたチームがあります。顧客からのクレームを営業マンが一人で問題を抱え込み、終始その対応に追われ、存続すら危ぶまれる状態だった部署は、議論の末、若手のメンバーからの一言から全員が真の問題に向き合い始めました。個人ではなく、チームとして工場に要望する必要があるという結論に至ってチームが発足し、拠点ごとに工場と会議を重ね、問題であった在庫日数、アイテムの整理、品質改善などの目標を合意し、改善のための取組みがスタートしたのです。そして6ヶ月後、その水産部は、大幅な業績向上と会社への貢献により、なんと、その年の部門別業績評価1位のS評価となったのでした。

一度落ちた組織の活力をあげるのは容易ではありません。諦め感や会社への不満が募れば募るほど、考え方は他責となり、変革する力が削がれていきます。そこに必要なのは、自分たちにできることは問題の本質と向き合うことしかない、と腹をくくることです。「問題を解決するにはトップダウンではうまくいかない。チームでの成功体験が成長の源になる」と半年間のプロジェクトを振り返っていました。

⑦お祝いをする

「組織の強みを100出そう」となった場合、10くらいは一人でも出るでしょう。しかし、100ともなると、相当努力が必要になります。一人では浮かびません。人に聞く、人の行動を見る、といった普段はしないこともしなければ出てこないのです。「無理だと思っていたけど、みんなでやってみたらできた」「人を巻き込めばいくらでも見つかる」。この感覚を得ることがもっとも大切なポイントで、チームでの人財開発の肝になります。一人ひとりの潜在能力は、化学反応を起こすチームになることで、限りなく引き出せるからです。潜在力とは何か。表に現れていない能力、成長力、可能性と言い換えることができます。仲間の存在が、実は潜在力を引き出すきっかけになるのです。

お祝いは、お互いを称え合い仲間と共にハードルの高い目標に向かっていく楽しさ、達成する喜びを実感できる貴重な時間です。社員一人ひとりが「必要とされている」「仲間がいる」「成長している」ことが肌で感じられる瞬間でもあります。チームのよい雰囲気が職場全体に広がれば、営業所の業績向上と組織文化構築にもつながるのではないでしょうか。

お酒で乾杯するだけがお祝いではありません。営業所の一人ひとりがどんな強みを持っているのか、それぞれの役割がどう営業所に貢献し合っているのかを理解し合えることで「必要とされている」「役に立っている」と実感できることは、大きなやりがいにつながります。また、認め合える仲間からの承認もお祝いと同じ喜びを感じます。

⑧加速させる

不思議なことに、成果を出している営業所から「努力しました」といった声はあがりません。出てくる言葉は、「これやりたい」という願望です。成果を出した後は、「面白かった」「またやりたい」。なぜ、彼らはそのような感覚を持てるのでしょうか。成長を実感しているからだろうと思います。人は成長を実感しているときには喜びを感じ、心地よくなり、努力から願望となり、複雑な能力や技能を持った人間へとさらに成長していく。これを心理学では、「フロー理論」と言っています。人は深い楽しさに没頭している「フロー」状態にある時、その能力を最大限に発揮するのです。それは苦痛ではなく、楽しさを伴っているので持続、加速していく力があります。

アイデンティティを変えることで誇りと責任が形成され、大転換することがあります。「君はこのエリアで数少ない選ばれた店舗の店長だから誇りを持ってほしい。そして地域をよく観察してこの店の経営者になってほしい」と意識を変える言葉を投げかけた時のことです。すると、当の本人たちも驚くほどアイデアが湧き出て、売上げ向上といった成果がすぐに出ました。昨日まで毎日、本社からメールで飛んでくる指示書通りに働く店長から、お客さまを喜ばせられる売場をスタッフと一緒に作る店長へと変身し、エリアマネジャーと連携して本部に提言するほどになったのです。

⑨変革を習慣化させる

現場の課題を解決・変革し、結果を出したいとは誰もが思います。しかしながら、一人で結果を出し続けるのは難しいでしょう。一緒に考え、創発し合える仲間がいればエネルギーは倍増し、成果を出し続ける循環が生まれます。**関係の質がよいと、思考の質が前向きになり、行動が改善し、よい結果が出せる、**という考え方を「成功の循環モデル」といいます。実務家として以前から体感していましたが、ダニエル・キム氏が提唱したこのサイクルは、現場実感をよく整理していると思います。組織の循環モデルは危機に陥った際によく分かります。暗くなりがちな危機時でも人を信じチームの力を信じ、明るくよい関係を保つことができるかどうかが運命を決めます。危機時こそ、成功の循環モデルが試される修羅場といえるでしょう。

全国各地の営業所をまわっていると、まだまだトップダウンが多く、営業所長は「ああしろ、こうしろと指示するとよく動いてくれるから」と言います。もちろん、所長自身それでいいとは思っていません。トップダウンでは限界があると分かっているのです。これまでは、どれだけ人を育てたかが着目された時代でしたが、これからはエンパワーメントという視点を取り入れ、**人の可能性を最大限に引き出し、成果に結びつく環境を営業所長がつくれる**ようになることが企業成長の鍵となるでしょう。環境ができれば、チームで問題解決する力が育ち、変革を習慣化させていく組織風土が出来上がります。

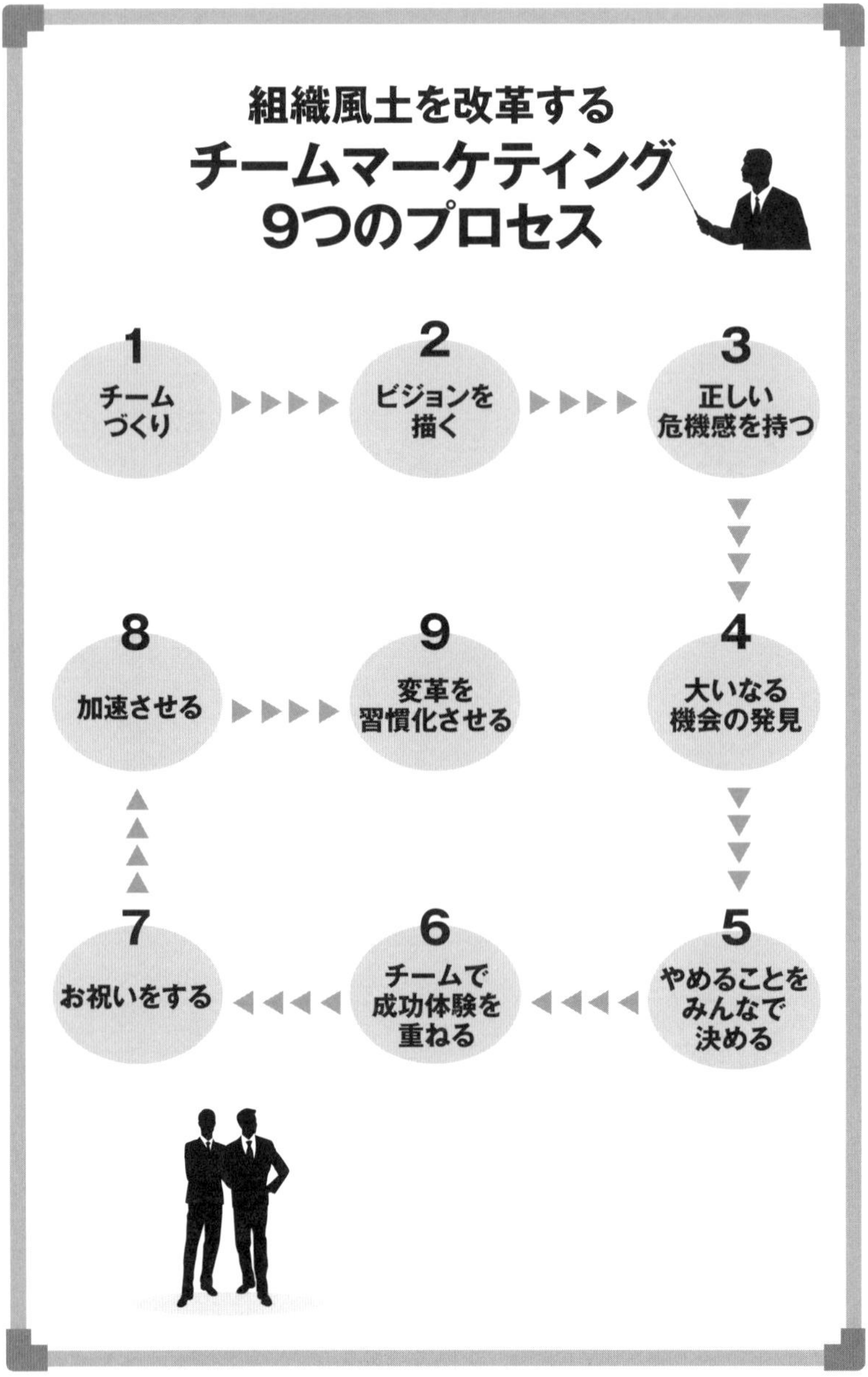
組織風土を改革する
チームマーケティング
9つのプロセス
1
チーム
づくり
2
ビジョンを
描く
3
正しい
危機感を持つ
4
大いなる
機会の発見
5
やめることを
みんなで
決める
6
チームで
成功体験を
重ねる
7
お祝いをする
8
加速させる
9
変革を
習慣化させる

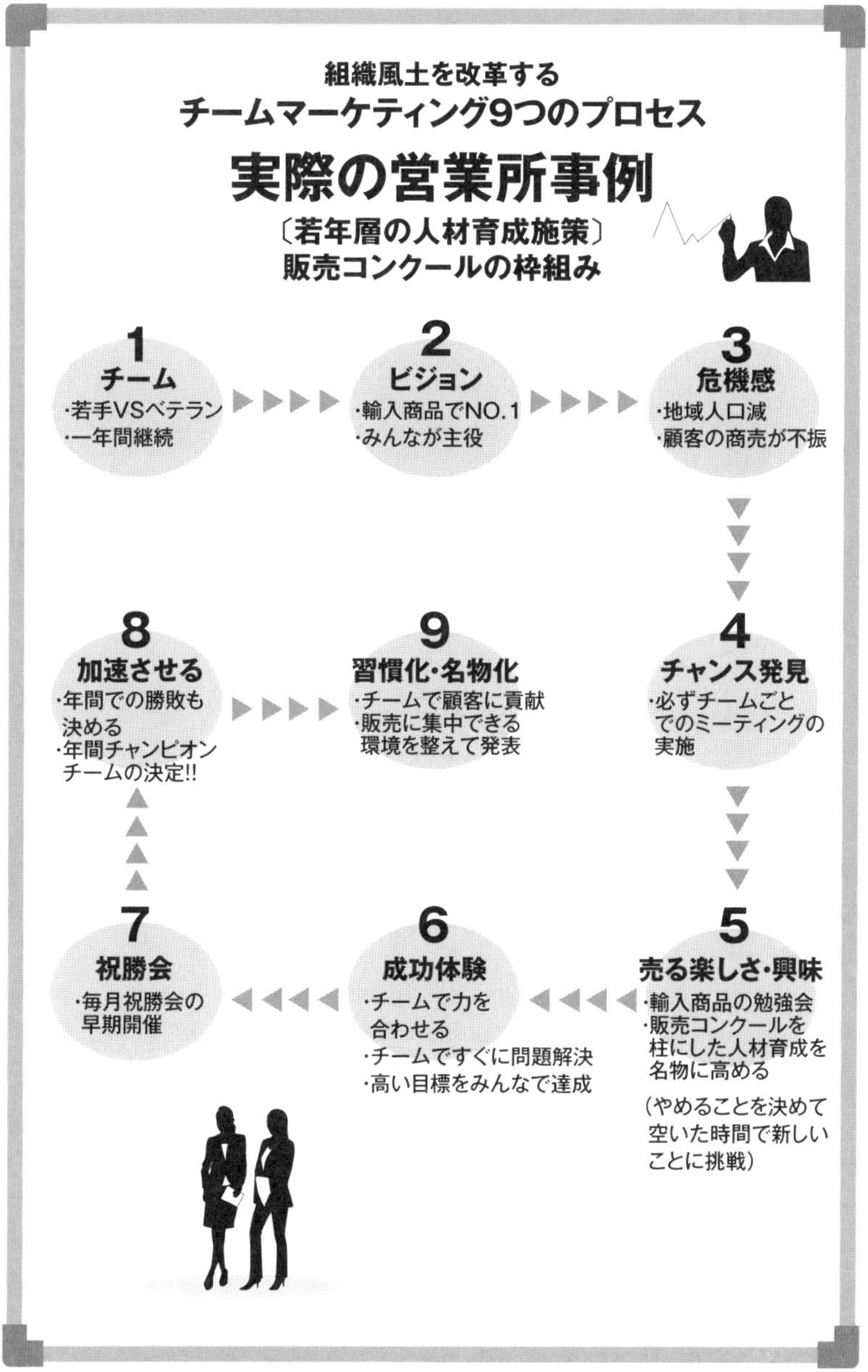
組織風土を改革する
チームマーケティング9つのプロセス
実際の営業所事例
〔若年層の人材育成施策〕
販売コンクールの枠組み
1
チーム
・若手VSベテラン
・一年間継続
2
ビジョン
・輸入商品でNO.1
・みんなが主役
3
危機感
・地域人口減
・顧客の商売が不振
4
チャンス発見
・必ずチームごとでのミーティングの実施
5
売る楽しさ・興味
・輸入商品の勉強会
・販売コンクールを柱にした人材育成を名物に高める
（やめることを決めて空いた時間で新しいことに挑戦）
6
成功体験
・チームで力を合わせる
・チームですぐに問題解決
・高い目標をみんなで達成
7
祝勝会
・毎月祝勝会の早期開催
8
加速させる
・年間での勝敗も決める
・年間チャンピオンチームの決定!!
9
習慣化・名物化
・チームで顧客に貢献
・販売に集中できる環境を整えて発表

第1章 チームを作る

仕事をど真ん中に置いて顧客を中心にチームを作る

本章では、「180日間営業変革プロジェクト」の基本的な考え方や進め方を説明します。最初に強調しておきたいのは、私たちのチーム作りは「チームマーケティング」という概念の下にあるため「仕事をど真ん中に置いて顧客ニーズ創造を軸にしたチームを作る」ことだということです。これから説明する本章の重要テーマとなる「2つの論点と5つのテーマ」「リレーショナル戦略マップ」も全てがここに立脚しています。「自分達は、本当はどうありたいのか」を徹底的に考えて議論し、行動し、日常の仕事に落とし込んでいくための枠組みともいえます。

序章で述べたように、**人が育ち業績も上がる理想的な営業所**を徹底的に分析し、どこでも通用するようマーケティング理論で整理し、私が積んできた人財開発の経験や手法を組み合わせて出来上がったため、研修という枠を超えたプロジェクトになりました。

とはいえ、最初に現場で説明する時には抵抗されてしまいます。「これから180日間プロジェクトです」と言うと、「なんでうちなの?」「いやだなあ!」「この忙しいのに……」と、たいがいはこんな感じで、やらされ感満載でスタートします。しかし、180日後には、私達が想像した以上に大きな変化が起こります。ミッション、戦略、営業所の全員の心、全てが顧客に貢献する方向に向くと、本当に奇跡を起こしてしまうのです。早くそんな奇跡を見たいものだ、と思うかもしれませんが、まずは第1章で全体像をつかんでいただき、第2章以降から現場で起こる「変化」を感じてください。

2つの論点と5つのテーマ

180日間営業変革プロジェクトは、2つの論点と5つのテーマによって構成されています(図表1)。2つの論点とは、次の2点です。

① 儲かる事業構造を作る

② チーム力を最大化する

そして、5つのテーマは次の5点です。

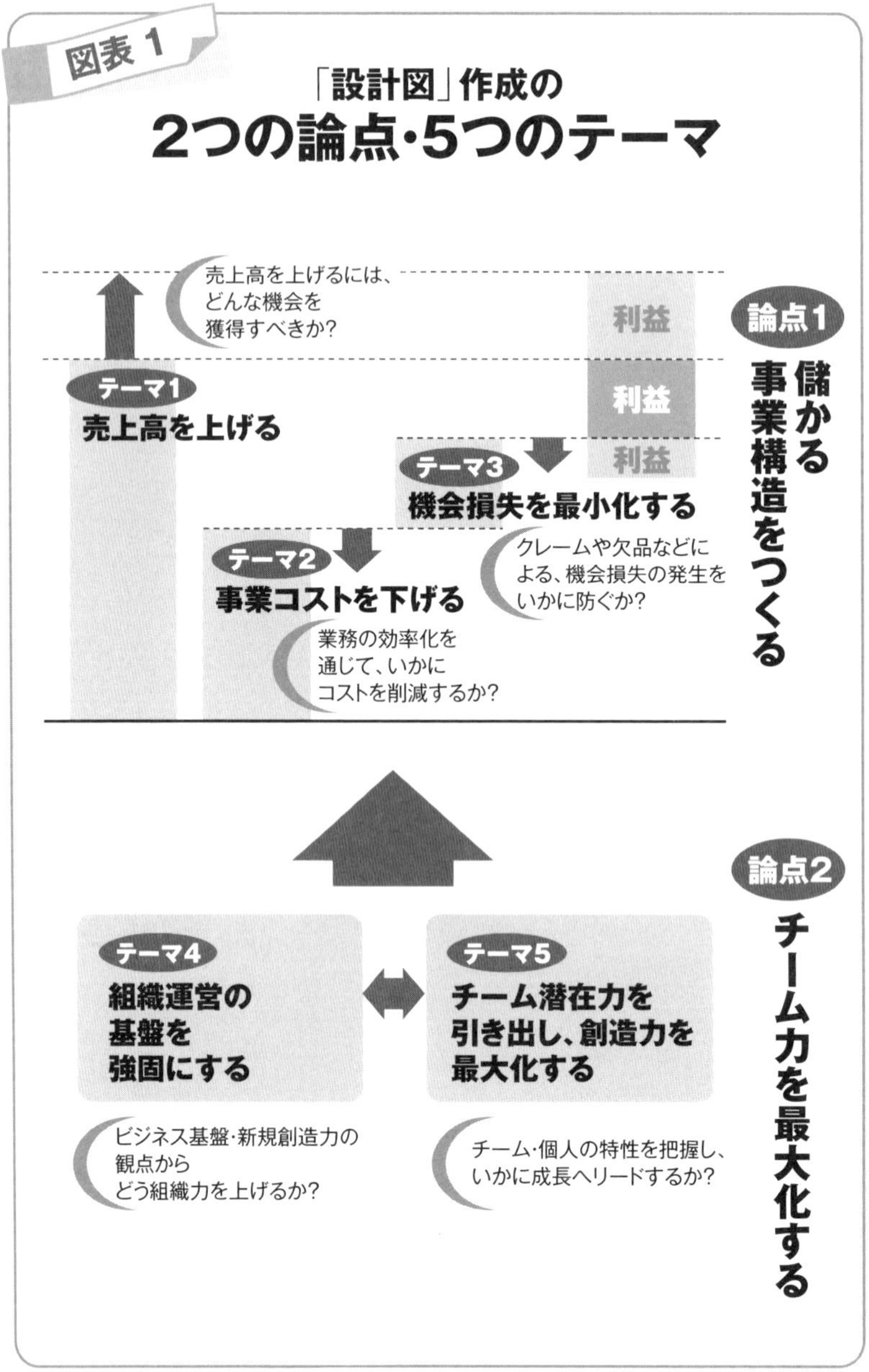
図表1
「設計図」作成の
2つの論点・5つのテーマ
売上高を上げるには、
どんな機会を
獲得すべきか?
利益
利益
利益
論点1
儲かる
事業構造をつくる
テーマ1
売上高を上げる
テーマ3
機会損失を最小化する
クレームや欠品などに
よる、機会損失の発生を
いかに防ぐか?
テーマ2
事業コストを下げる
業務の効率化を
通じて、いかに
コストを削減するか?
論点2
チーム力を最大化する
テーマ4
組織運営の
基盤を
強固にする
テーマ5
チーム潜在力を
引き出し、創造力を
最大化する
ビジネス基盤・新規創造力の
観点から
どう組織力を上げるか?
チーム・個人の特性を把握し、
いかに成長へリードするか?

①売上げを上げる
②事業コストを下げる
③機会損失を最小化する
④組織運営の基盤を強固にする
⑤チーム潜在力を引き出し、創造力を最大化する

つまり、より収益性の高い事業構造を作るために、売上高を上げるにはどんな機会を獲得すべきか（テーマ1）、業務の効率化を通じていかにコストを削減するか（テーマ2）、クレームや欠品による機会損失を発生させていないか（テーマ3）、チーム力を最大化するために、ビジネス基盤・新規創造力の観点からどう組織力を上げるか（テーマ4）、チーム・個人の特性を把握し、いかに成長へリードする環境をつくるか（テーマ5）。

この2つの論点と5つのテーマを念頭に置きながらプロジェクトを進めていきます。そして、このプロジェクトの核となるのが「リレーショナル戦略マップ」（図表2）です。

図表2

リレーショナル戦力マップ
概念図

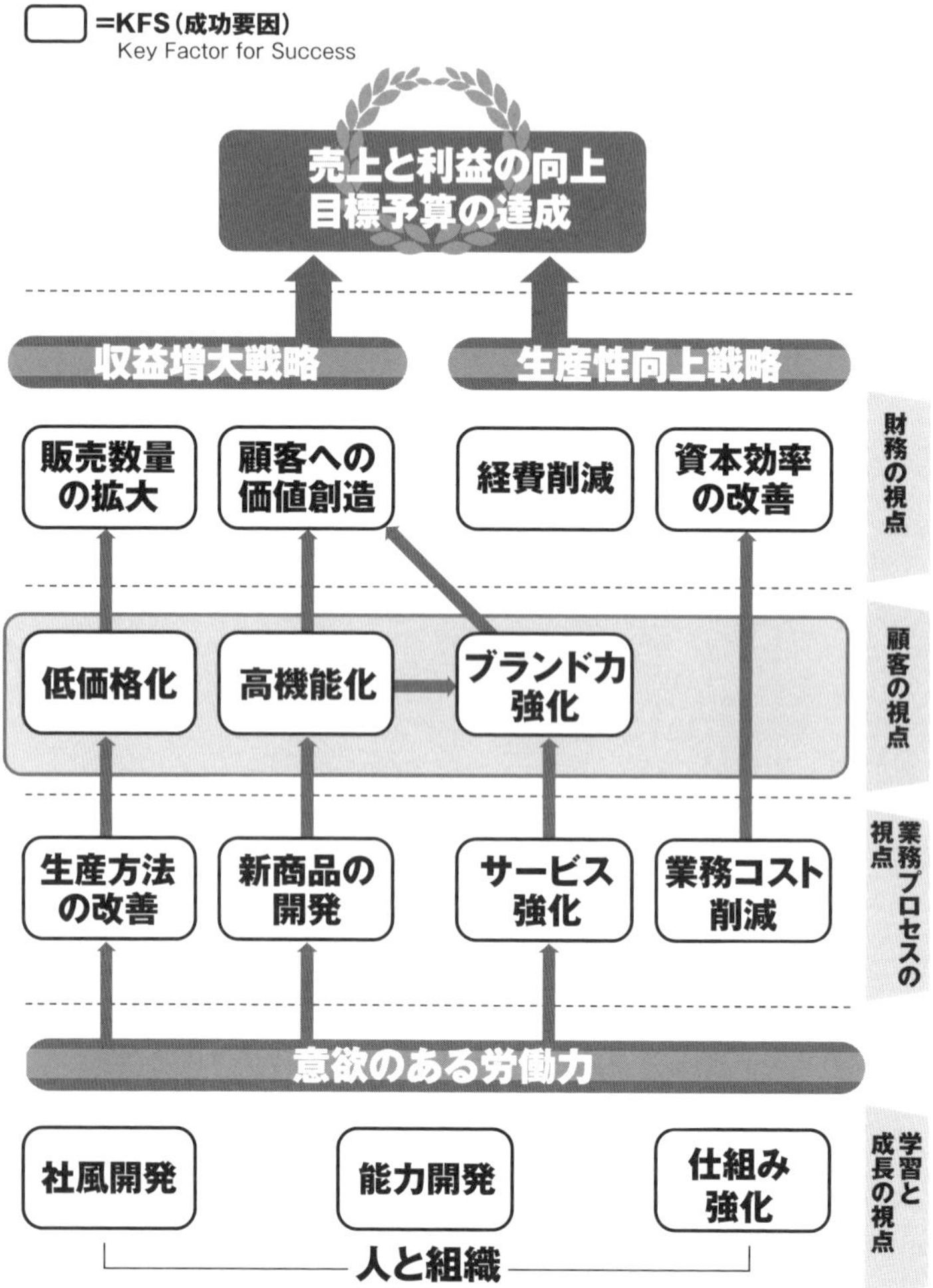

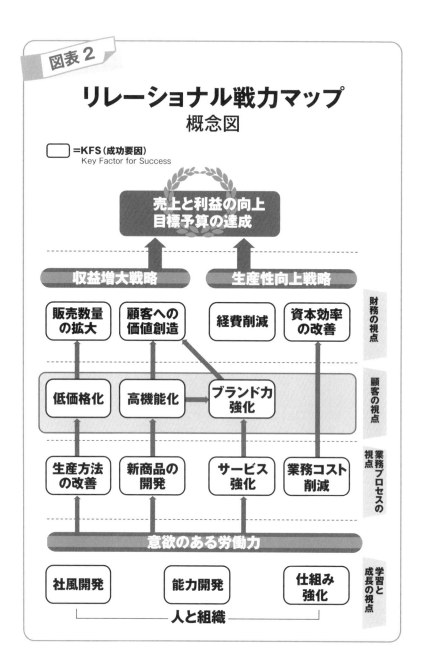

全ての経営資源をつなげる「リレーショナル戦略マップ」

私たちが入る営業現場では、「ＫＰＩ（Key Performance Indicator＝重点業績成果指標）」という言葉が飛び交います。ＫＰＩとは業務を進めていくに当たり、「何をもって進捗とするのか」を定義するために用いられる尺度で、業務目標の達成度合いを計る定量的な指標のことです。もっとかみ砕いて言うと、現在の状況を表すさまざまな数値などの中から、目標達成に向けて進捗をみるのに最も適していると思われるものを選択することが重要です。

食品業界におけるＫＰＩ活用はどうかというと、これまで知ってはいても十分活用していなかったというのが実態です。なぜなら、少し前までは人口増という有利な環境だったため、その必要がなかったのです。売上げが頭打ちになるに従って、営業活動のプロセスが重視されるようになり、ＫＰＩの重要性も認識され、業務の見直しで使ってみようという動きが出てきました。しかし、ＫＰＩがずれている、結果の分析が改善に反映されていないというのが現場をまわってみての実感です。そこで、**業務や人の関係性も考えながら整合性をもってＫＰＩを成果にまでつなげる**「リレーショナル戦略マップ」が必要となります。業績を変えたければ、顧客との接点活動を変える、そのためには業務プロセスを変える、そして、営業所の潜在力を引き出し、全ての経営資源を「つなげる」という作業をチームマーケティング・セッションの中で行います。このあたりから参加者の目の色が変わり始めます。

このマップでは、財務の視点を実現するために、以下の顧客の視点、業務プロセスの視点、人と組織の視点をいったん網羅し俯瞰《ふかん》した上で、重点化を選択し、各KPIを決める。前後の整合性をとりながら、「これさえやれば実現する！」感覚を持てるマップにします。

第一に、今していることを模造紙に書きだす。第二に、やりたいけどできてないことを書きだす。このギャップを埋めるために業務のプロセスを見直して新しく書き換えます。すなわち、何を残して、何を新しくするのかを見直すのです。基本的な考え方としては、次の①②③を書き出し、④⑤の順で議論を進めます。

①前後のつながりを意識する

②各プロセスでどのような活動をしているか

③今後どのような活動が必要なのかを洗い出す

④内容を測定できるよう指標化表現に変える

⑤指標化表現に変えたKPIについて目標値を設定する

財務目標に収益目標を入れた場合、それに紐づく顧客接点、業務プロセスのKPIを作る。

財務の目標を設定する場合、昨年対比の発想をいったんやめて、シェア発想で目標を設定します。自分達が指標としたＫＰＩに基づき、それぞれの目標数値を設定します。指標は売上げなのか営業利益なのか、あるいはシェアなのか。

営業活動において財務目標を達成するための管理指標を何にするのか。年間売上げ10億なら、顧客接点をどう変えるのか、顧客をさらに喜ばせる活動は何かなど具体的数字まで落とし込みます。業務プロセスの視点とは、財務目標として掲げた営業利益確保のためにやるべき業務の効率化、コスト削減のための管理指標を何にするのか。顧客接点の活動品質向上のため提案書の数を指標とするなら、毎週提案書を１件作成する。人・組織の視点では、人やチーム作りのために何を指標とするか。ミーティングの数なら、仕入れ担当と成功事例共有ミーティングを週１回するなど、指標と数字、行動をすべて紐づけて記載して整合性のとれたリレーショナル戦略マップを作ると、即行動が可能となるため、参加者のやる気もやれる気も高まってきます。出来上がると多くの部長から感嘆の声があがります。「わかりやすい！」「これほど全てがつながったマップを見たのは初めてだ！」「これなら業績が上がるわ！」

図表３に食品会社の事例を記載しました。図表４に空欄も用意しましたので自分達のリレーショナル戦略マップを書き込んでみてください。

図表3

リレーショナル戦略マップ

食品会社の例

まずは、

各視点でどのような活動をしているのか、今後どのような活動が必要なのかを洗い出し → ここで書き出した「こと」を管理できるよう指標化表現に → 指標化表現すなわち数値に置き換えることで、目標値を設定することへ

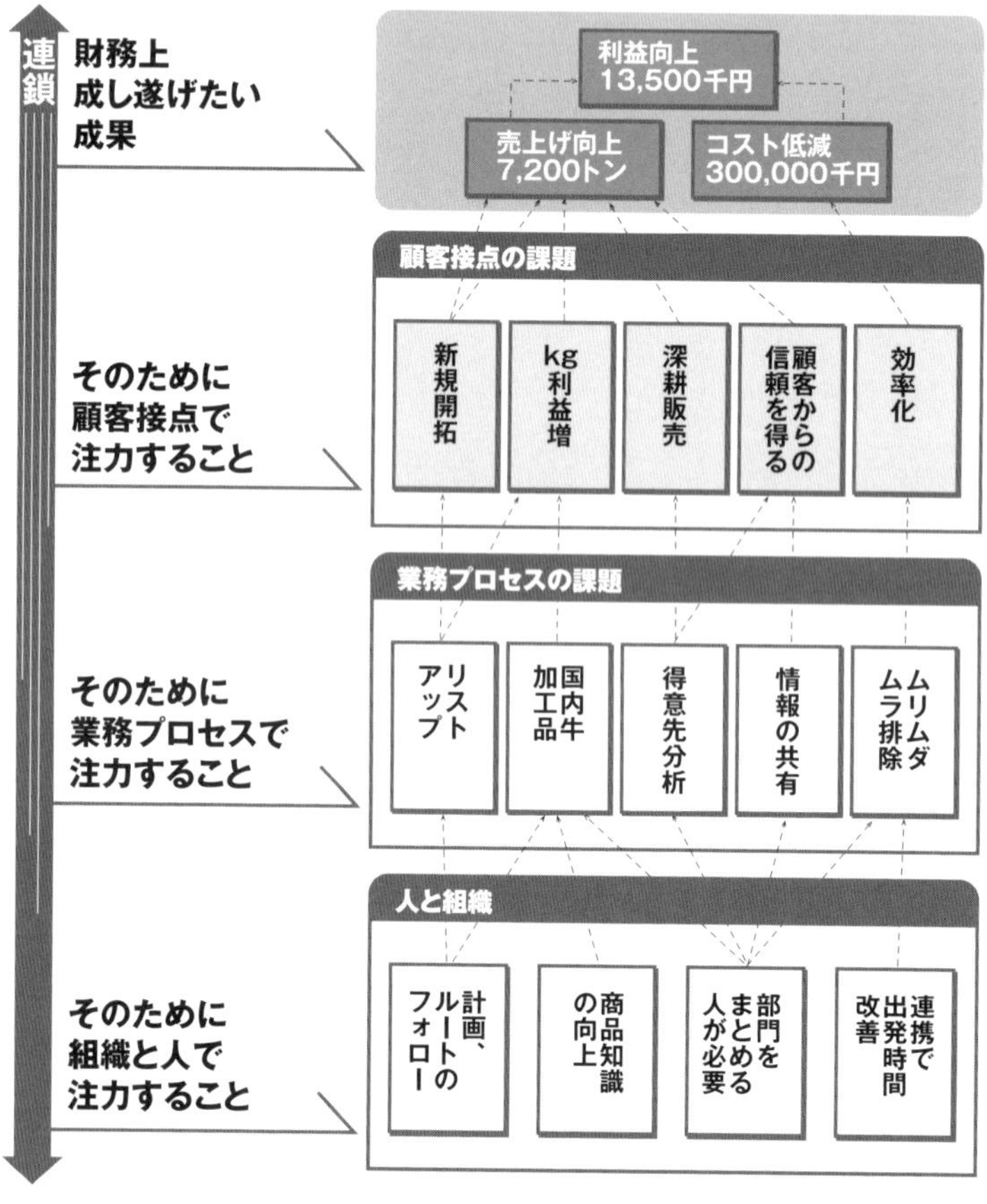

連鎖
財務上成し遂げたい成果
利益向上 13,500千円
売上げ向上 7,200トン
コスト低減 300,000千円
そのために顧客接点で注力すること
顧客接点の課題
新規開拓
kg利益増
深耕販売
顧客からの信頼を得る
効率化
そのために業務プロセスで注力すること
業務プロセスの課題
リストアップ
国内牛加工品
得意先分析
情報の共有
ムリムダムラ排除
そのために組織と人で注力すること
人と組織
計画、ルートのフォロー
商品知識の向上
部門をまとめる人が必要
連携で出発時間改善

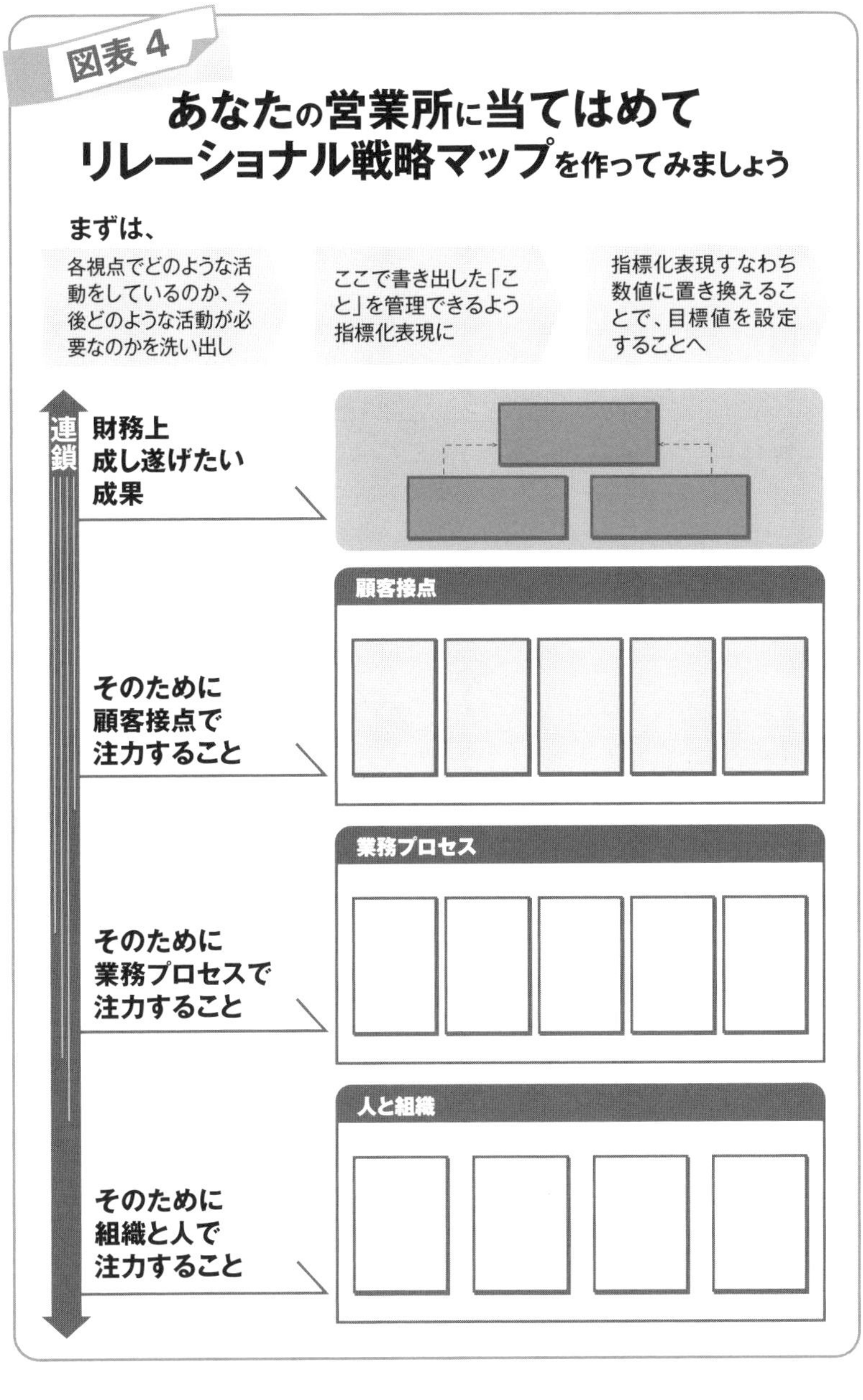
図表4
あなたの営業所に当てはめて
リレーショナル戦略マップを作ってみましょう
まずは、
各視点でどのような活動をしているのか、今後どのような活動が必要なのかを洗い出し
ここで書き出した「こと」を管理できるよう指標化表現に
指標化表現すなわち数値に置き換えることで、目標値を設定することへ
連鎖
財務上成し遂げたい成果
顧客接点
そのために顧客接点で注力すること
業務プロセス
そのために業務プロセスで注力すること
人と組織
そのために組織と人で注力すること

Q あなたの営業所のミッションは何ですか？

Q その目的を達成するための戦略は何ですか？

一人ひとりの社員の「使命と役割」が明確になる

リレーショナル戦略マップを、一人ひとりの営業マンの視点からさらに俯瞰してみましょう。業績を上げたければ、営業所の設計図を変えなければなりません。多くの人は商品や営業マンのスキルが業績を決めると思っていますが、それは違います。**業績は設計図の違いにあります。**例えば、最高時速60㎞で設計された車に凄腕のドライバーが乗ってめいっぱいアクセルを踏み込んでも、時速100㎞は出せません。時速100㎞で走る設計になってないからです。昨今、残業などコンプライアンスの問題を多くみかけますが、以前の環境を元に最高時速60㎞で設計された車で、長時間残業をすることで時代が要請する時速100㎞で走ろうと無理をしているのではないでしょうか。市場環境も営業所内部の環境も毎年変わります。猛烈なスピードで変化していると誰もが分かっているわけですから、その変化を踏まえて人が育ち、高い業績があげられる組織風土ができる設計図を作る必要があるのです。

180日間で作り上げるチームは一人ひとりの営業マンの使命と役割が明確です。顧客と事業に軸足を置くことで利益に貢献すると共に、人の心にも焦点を当てて人が育つ組織風土も作り上げるからです。

チームマーケティング・セッションをしている時に、「この会場を建築するために設計図は必要だと思いますか?」と質問すると全員が「YES」と答えます。では、「みなさんの理想の営業所を作るための設計図は必要ですか?」ここも「YES」です。では、「ありますか?」ほとんどは「NO」です。あったとしても、会場に例えると、床と壁の設計図はあるけど天井がなかったりしていて、要するに、**理想の営業所を組み立てる構成要素**が自身の中で明確になっていないことが多いのです。

そこで、大雑把ですが構成要素を図にしたものが図表5です。前述した2つの論点の①より収益性の高い事業構造を作ることを示しているのが、上半分の顧客別戦略立案と儲けの構造作り。もう一つの論点である、②チームの力を最大化するのが下半分の問題解決サイクル構築と自己効力感の向上にあたります。

図表5

180日間
営業変革プロジェクトの構成要素

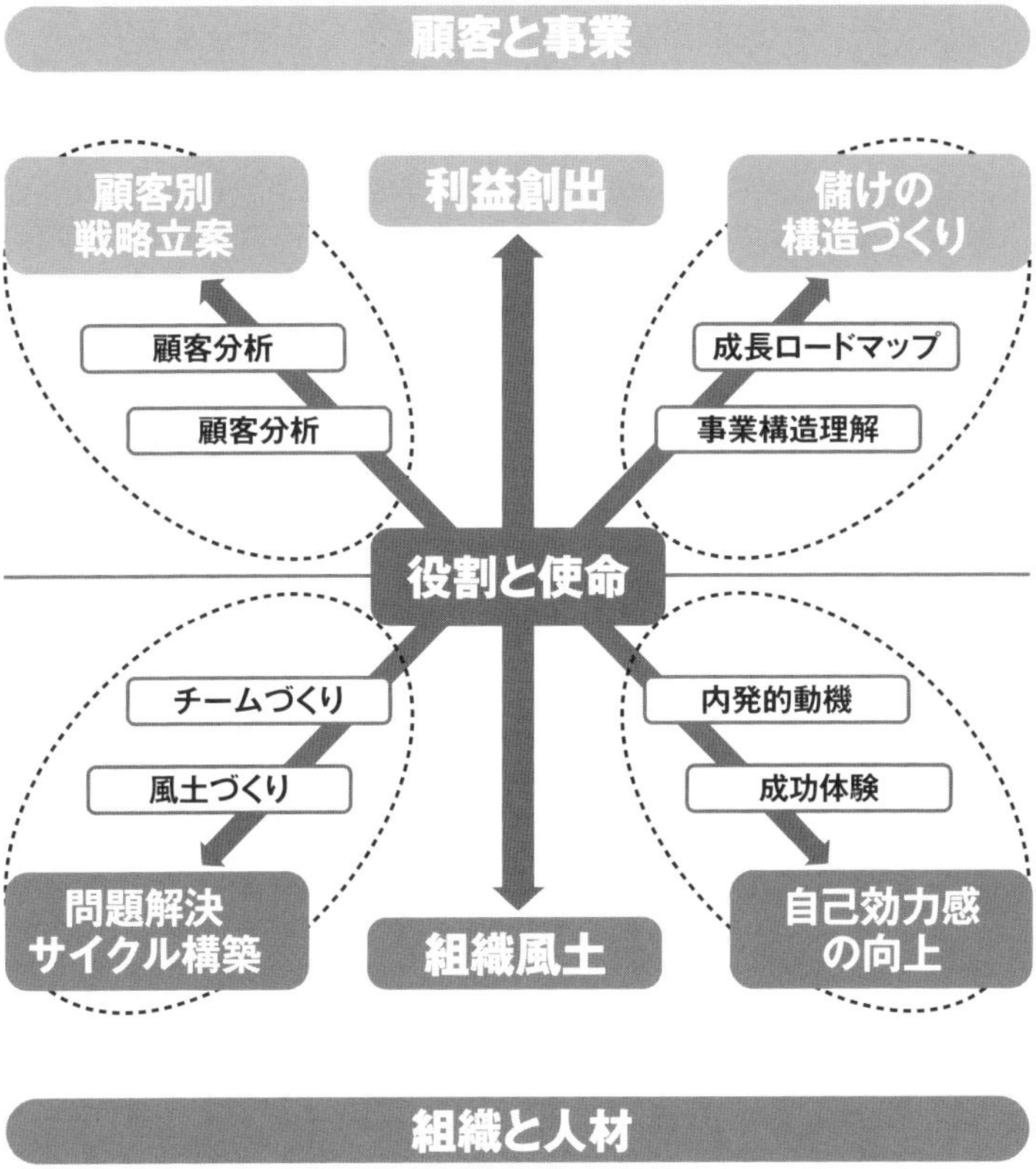

プログラムは財務的には「顧客別戦略立案・実行」「儲けの構造づくり」、
組織として「問題解決サイクル構築（PDCA）」に加え、
一人ひとりのメンバーに「自己効力感」を創出します。

プロジェクトの進行と気持ちの変化

180日間プロジェクト全体の流れは、現場ヒアリングを経て、対象者を全員集めた2日間のチームマーケティング・セッションを実施します（図表6）。その後、毎月1回現場にお伺いしてチームフォローを6回行います。最初のヒアリングを通じて、営業所ごとの戦略や収益の構造、さらにその基盤となる組織力までを明らかにし、集めた情報をもとに、具体的なプロジェクトの流れを組み立てます。プロセスの中で自分たち営業所の課題について議論を進めていく形になるので、絵に描いた餅ではなく、2つの論点、5つのテーマを熱く討議する場であり、数字を報告するだけの会議とは違う「**こんな営業会議がしたかった！**」**と言われる場**を作ります。研修という枠を超えた「営業変革プロジェクト」と名づけているのもそのためです。

プログラム内容は大きく分けて4つのステップから構成されています。狙いや手法、成果は図表7の通りですが、ここで私が強調したいのは、どれだけ優れた内容かといったことではなく、**人の気持ちがどれだけ変化するか**ということ、そして、チームの潜在力を引き出すとその力は無限大になるということです。

以下、ステップごとの気持ちの変化について書き進めたいと思います。

【STEP1】は、営業所でのヒアリングです。営業所長だけでなく、グループインタビューなどで営業マン全員に聞きますが、この時は長年培った人財開発の手法を使います。課題ではなく頑張っていることから聞くことがポイントになります。事務員さんやパートさんにも聞きます。「雰囲気はどう？」「他社で働いたことがあるそうですね。他社と比べてどう？」といった具合です。聞くことで全員が180日間プロジェクトがスタートすることを知り、意識するようになります。自分達もメンバーなのだと思うことが、自分事化につながっていきます。だからこそ、事務員さんやパートさんにもヒアリングするのです。事務員さんは、営業所の変化を肌で感じ、よく見ています。事務員さんの意見はとても貴重です。

【STEP2】で、参加者の心情はやらされ感から自分事に大きく変わります。何がその気にさせるのか。一番は私達チームアイママムの情熱が相手に伝わるということですが、それはさておき、このチームマーケティング・セッションは自分たちの仕事の役に立つということを実感するからです。営業であれば、一番の関心事は業績。無理に押し込みで売上げるのではなく、本当に自分たちがやってみたいやり方が明確になると目つきが変わります。ここは営業スキルではなく、人財開発の手法を組み入れることがポイントになります。成果にたどりつけるプロセスを営業所の潜在力を引き出しながら吟味していく設計がなされています。

【STEP3】では、チームPDCAを実践します。よく耳にするPDCAとチームPDCAは何が違うのか。PDCAはもともと品質管理のための手法ですが、新人研修では個人で実践するように教育を受けます。PDCAをまわすための手帳というのも流行っていますが、個人でまわし続けている人に出会ったことがあまりありません。皆さん途中で挫折してしまうのです。私もその一人です。

良いとわかっていて継続できないPDCAですが、チームならできます。1日、あるいは3日、1週間など短い期間の成果を見える化し、成果や成長が実感しやすい内容とすること。

これを繰り返すことでメンバーの経験知が言語知になり知恵に変わっていきます。そのため、成果も早く出るようになり、**創意工夫することの楽しさや成功体験の積み重ねが自信につながって自己効力感が高まります**。まさに、お客様に貢献できることを一緒に考える仲間の存在を実感し、このチームが素晴らしい、このチームで仕事ができることがうれしいというモチベーション３・０の世界も体験できるようになります。ここでやらされ感は消え、内発的動機づけが起こるようになります。

【ＳＴＥＰ４】は、成果報告会です。このプロジェクトのクライマックスでもあります。１８０日間を振り返り、自分たちの想像を超えた成長を実感し、自分の営業所が最高のチームであると、エピソードを交えて発表される内容は、笑いあり、涙ありのドラマです。聴衆である他の営業所長、役員からの承認フィードバックに涙する光景もよく見られます。

成果発表は、正確に表現すると２日間のチームマーケティング・セッションから３ヶ月目に中間成果検討会を行い、その３ヶ月後に成果報告会を行います。成果検討会と名づけて経営陣や参加していない営業所長も参加して、成果とその要因や他の営業所への横展開を検討

図表6

180日間 営業変革プロジェクトの進め方

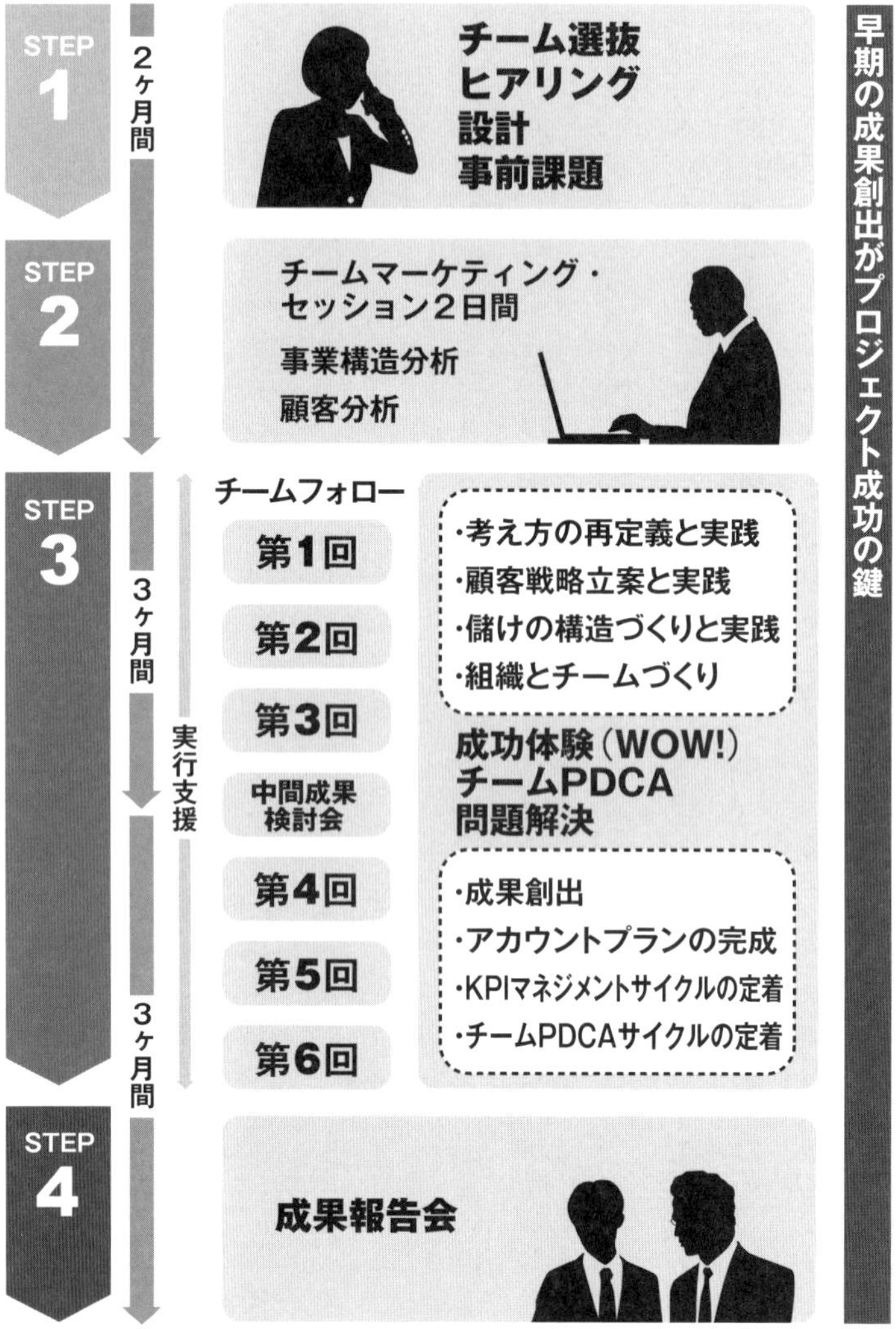

STEP 1
2ヶ月間
チーム選抜
ヒアリング
設計
事前課題
STEP 2
チームマーケティング・セッション2日間
事業構造分析
顧客分析
STEP 3
3ヶ月間
実行支援
チームフォロー
第1回
第2回
第3回
中間成果検討会
第4回
第5回
第6回
・考え方の再定義と実践
・顧客戦略立案と実践
・儲けの構造づくりと実践
・組織とチームづくり
成功体験（WOW!）
チームPDCA
問題解決
・成果創出
・アカウントプランの完成
・KPIマネジメントサイクルの定着
・チームPDCAサイクルの定着
3ヶ月間
STEP 4
成果報告会
早期の成果創出がプロジェクト成功の鍵

図表7

180日間営業変革プロジェクト ステップごとの内容

	狙い	手法	成果物
STEP 1 ヒアリング	・対象となる部門の実態である「売上げ、シェア、収益」のメカニズムが解明される ・成功要因が特定される ・チームとしての問題が特定される	・ヒアリング	・優劣の分かれ目と成功要因の分析結果 ・部門のメカニズム ・集合研修のテキスト
STEP 2 集合研修2日間	・自部門の実態のメカニズムを理解する ・チームの成功のシナリオが描ける ・シナリオを描くための方法を知る	・チームマーケティング・セッション ・ファシリテーション ・コンサルティング	・チームごとの具体的課題 ・チームの目標値（財務、行動） ・個人の目標値（財務、行動） ・施策と実行計画（3ヶ月、6ヶ月）
STEP 3 成果実現活動	・成果目標達成に向けチームPDCAを回す ・チーム活動を定着させる ・成果目標を実現する	・問題解決支援 ・成果評価	・収益再向上に向けた成果目標の達成 ・チームPDCAサイクルの定着化 ・チームメンバー相互支援の定着化
STEP 4 成果報告会	・部門のトップにプロジェクト成果が共有される ・参加メンバー間に成功要因が共有される ・プロジェクト終了後の自律・自走を動機づける	・発表会 ・質疑応答	・プロジェクト活動サマリ ・成果創出プロセス資料

することもあります。１８０日間の過程において経営に役立つ気づきも多くあり、この成果報告会で本社への提言をする営業所もあります。実際、時代の変化に対応して32部門あった本社が、この発表の意見を元にシンプルな19部門に統合され、現場では60の地域グループが１１２に細分化されて、より現場に権限が大幅委譲されて地域特性を生かした経営に変革した顧客企業もあります。１８０日間営業変革プロジェクトの成果を見て、本社主導でやってきた経営陣が現場の力を再認識し、新しい時代の経営方針として現場を信頼して任せることにしたのです。

１８０日間営業変革プロジェクトを実施した年の経常利益が前年の４倍になり、会社の部門別評価でもＤ評価からＳ評価に上がったり、さらにプロジェクトが終わった翌年も業績は２００％ＵＰを毎月達成し、経常利益は支援する前の年の8倍になった営業所もあります（図表８）。

リーダー育成にもなるチーム作り

プログラムを４ステップに分けているのには理由があります。プロセスとしては、序章で

図表8　180日後の財務的な効果例（抜粋）

会社	A社	B社	C社	D社	E社	F社
業種	食品	食品	食品	小売	食品	小売
社員数	400名	250名	600名	3,400名	500名	800名
チーム数	30	6	27	20	5	7
チームの成果	利益昨対231%	利益昨対358%	利益昨対400%	利益昨対520%	部門経営利益4倍	ビジネスモデルの転換

※ チームの成果は、そのチームで行った施策の中で最も財務的にインパクトがあった数字を載せています。

説明した9つのプロセスを踏んでいるのですが、客観的に見た場合には4つのフェーズがあるということです。

4つのステップで最終的に目指す姿は、営業所全体でのチーム作りです。営業所にはチームマーケティング・セッション（2日間）に参加していない社員もたくさんいます。180日間営業変革プロジェクトは、営業所の上位3人から4人が最初の2日間に参加するため、営業所の8割くらいの人は、初めの2日間に参加しません。したがって、ＳＴＥＰ３では営業所の８割の人を巻き込んで自分事のプロジェクトにする必要があります。これは、チームマーケティング・セッションに参加した営業所のリーダー（営業所の№２、№３……）が行います。

したがって、１８０日間営業変革プロジェクトでは、**リーダーシップも同時に開発されます**。現場をまわっておりますと、多くは営業成績の優秀な人が昇進して営業リーダーになっています。そのため、部下に仕事を任せてやらせてみる、育てるということが苦手で、ついつい自分のがんばりだけで問題を解決してしまいます。「自分は一番分かっている」「誰より自分はできる」「自分以外が担当すると売上げが落ちる」と思ってしまうのです。人が育つ環境のつくり方など習ったことがないまま、管理職に昇進することも原因にあると思います。よって、リーダーだけが悪いわけではないのですが、部下が育たない、チームプレーができない個人商店型の営業組織になっていることも多いのです。

本プロジェクトでは、リーダーがビジョンや目標に対して優先課題を見つけ出し、部下や営業所を皆巻き込んで問題解決しながら、皆で成功体験を積めるような環境をつくっていくため、リーダーの育成にもつながります（図表９）。

チーム力は古参社員の心も開く

どのようにして営業所全体を巻き込むのか、不思議に思うかもしれません。「全体でコミュニケーションする時間などとてもない」と感じる方は多いのではないでしょうか。私たちが開発したのは30分でもできる協働問題解決のミーティングです。アイマム流アクションラーニング（i‐AL）という手法をベースに現場でできる形式にアレンジを重ねました。ジョージワシントン大学院リーダーシップ課程を修了したアクションラーニングコーチ資格を持ったメンバーや営業マンが集まって開発しました。短時間で皆の感情を揺さぶるアクションラーニングができないかと試行錯誤を重ねて編み出したものです。

通常のアクションラーニングは60分以上かかるため、残業削減が叫ばれる昨今では、6人も7人も集まって長い時間ミーティングができない環境にあります。また、毎回アクションラーニングコーチを招聘《しょうへい》すると費用も高くなります。そこで、アイマムでは模造紙と付箋とキッチンタイマーを使って営業所の人たちが自分達でアクションラーニングができるようにフォーマットを作り進化させてきました。メリットは、模造紙にアクションラーニングを実

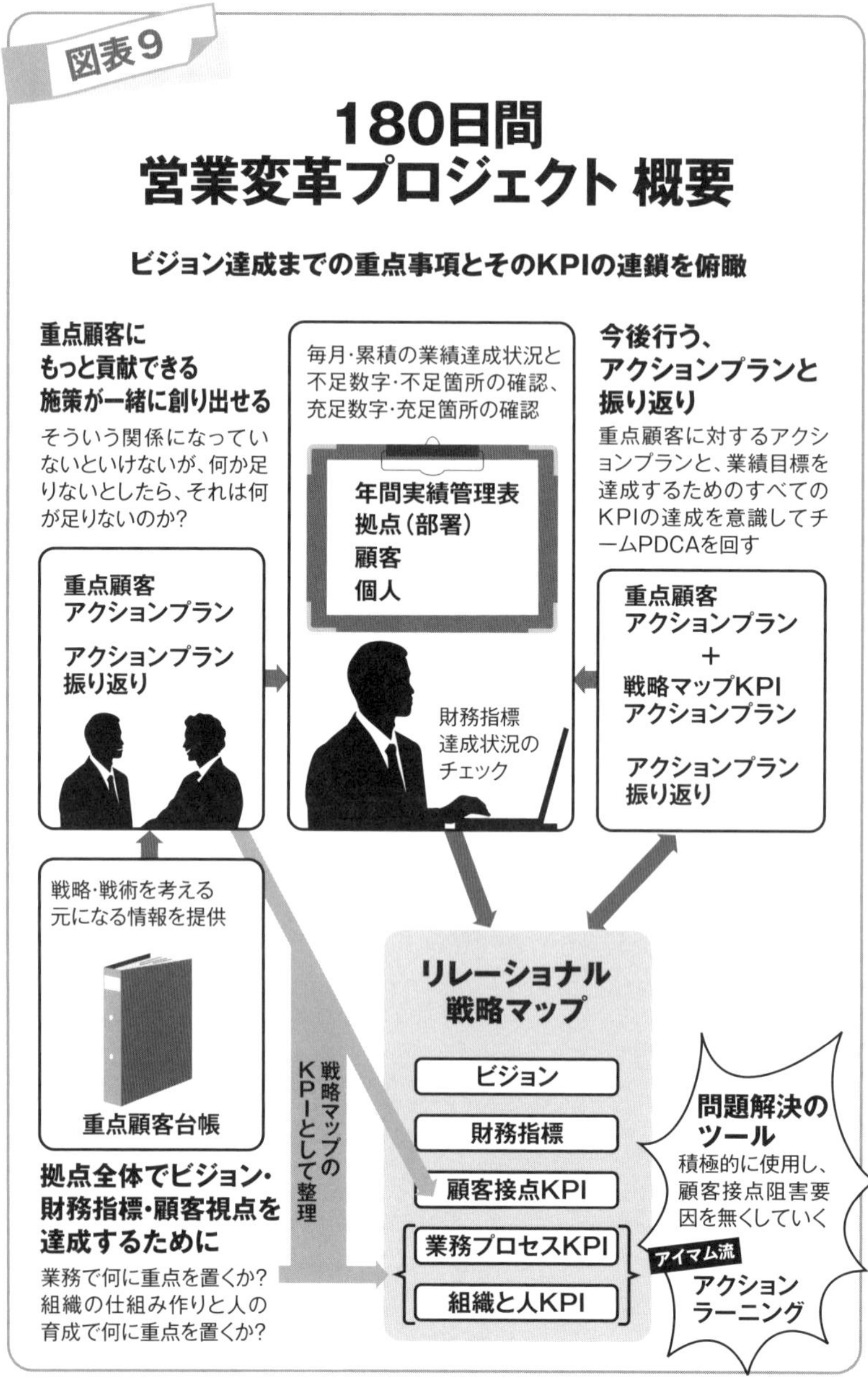
図表9
180日間
営業変革プロジェクト 概要
ビジョン達成までの重点事項とそのKPIの連鎖を俯瞰
重点顧客に
もっと貢献できる
施策が一緒に創り出せる
そういう関係になっていないといけないが、何か足りないとしたら、それは何が足りないのか?
重点顧客
アクションプラン
アクションプラン
振り返り
毎月・累積の業績達成状況と
不足数字・不足箇所の確認、
充足数字・充足箇所の確認
年間実績管理表
拠点(部署)
顧客
個人
財務指標
達成状況の
チェック
今後行う、
アクションプランと
振り返り
重点顧客に対するアクションプランと、業績目標を達成するためのすべてのKPIの達成を意識してチームPDCAを回す
重点顧客
アクションプラン
+
戦略マップKPI
アクションプラン
アクションプラン
振り返り
戦略・戦術を考える
元になる情報を提供
重点顧客台帳
戦略マップの
KPIとして整理
リレーショナル
戦略マップ
ビジョン
財務指標
顧客接点KPI
業務プロセスKPI
組織と人KPI
問題解決の
ツール
積極的に使用し、
顧客接点阻害要
因を無くしていく
アイマム流
アクション
ラーニング
拠点全体でビジョン・
財務指標・顧客視点を
達成するために
業務で何に重点を置くか?
組織の仕組み作りと人の
育成で何に重点を置くか?

施した内容が見える化されて残っているため、営業所内で共有できることです。アイマムのコンサルタントがチームフォローに訪問した際に、どの質問がgoodなのか、フィードバックすることもできます。

このアクションラーニング中でもさまざまなドラマが生まれています。関わりを拒否していた古参社員の例をあげます。営業所で一番の古参社員は寡黙で、若手と交わることもない営業マンです。ｉ－ＡＬに参加してもらった時、初めは「自分としてはやるべきことをやっているので問題がない」と言っていたのですが、若手から「もっと売れる大きなお客様を持っているのにどうして売らないのですか」と質問が出ました。その時、真っ赤な顔になった古参社員はしばらく考え込んだ後、「10年前に３００ケースを無理してかき集めて納品したところ、そんなの発注していないとバイヤーに裏切られた。その３００ケースは在庫になって営業所に多大な損失を出させた。だから、そこには大量の商売は危なくてできない」。別の若手は「そんなことがあったとは知りませんでした。勝手なこと言ってすみません」とお詫びしました。

その時です。古参社員は「いや、いいんだ。10年も前のことを引きずっている自分も悪いと思っている。今なら何かできることがあるかもしれない」と想像もつかない言葉が飛び出したのです。それを聞いた若手からは、次々に支援できる言葉が飛び出しました。「もし、また同じようなことが起こったら、営業所みんなで在庫を配分してみんなでなんとかしましょうよ」「みんなで応援しますから、10年ぶりに大きな商談してくださいよ」と明るいムードに変わりました。若手が最後に「そんなこと言ってもどうせやらないでしょう！」と大先輩を茶化す者まで出るほどに雰囲気がよくなりました。こんな風に溜まっていた感情を吐き出す機会を持つと雰囲気はガラッと変化します。一人ひとりが自分事にとらえるメンバーが増え、営業所全体に皆で考え、協力し合って達成することの楽しさが広まっていきます。

この場面に遭遇した時、私自身もいくつもの学びを得ました。人は自分のことを理解してもらえる環境があれば素直になれる。**人は同じ情報を共有すると同じ判断をする**ということでした。この同じ情報を共有することが組織風土作りに大きく関係していると実感させられた瞬間でした。自分を肯定し、人を信頼し、情報を共有し、同じ方向性を持つことで、チームは計り知れない力を発揮します。

Q 強制力やお金で人を動かそうとするのは、どのような場面でしょうか？

Q 正当な力で人を動かすには、何がポイントになるでしょうか？

真の狙いはチームの成功体験による組織風土改革

これまでの説明で、チームビルディングとの違いがお分かりになったでしょうか。チームビルディングはチームワーク力をつける演習を行うと仲良くなり風通しも良くなりますが、マーケティングを盛り込まないため業績には直結しません。

180日間営業変革プロジェクトの目標は、人が育ち高い業績が作り出せるチーム作りであることを、改めてここで強調しておきたいと思います。2日間でリレーショナル戦略マップや行動計画を作ったところで、第1回目のチームフォローまでに実行できるチームはあまりありません。「何でやらなかったのですか?」と質問したところ、「それがうちの組織風土だから」と回答したチームがありました。ここには目に見えない組織風土という大きな力が存在すると感じました。180日間営業変革プロジェクトの真の狙いは、営業体制の見直しという表面的なものだけではなく、成長・発展し続ける組織風土改革なのです。

以上、第1章では180日間営業変革プロジェクトを支える基本的な考え方「2つの論点と5つのテーマ」と、それを実現させる「リレーショナル戦略マップ」の作り方、具体的なプログラムの進行とそれに伴う気持ちの変化について説明してきました。全体像を見せたいと思ったので、つい熱がこもり文章も膨大になってしまいました。第2章以降は気軽に漫画を楽しみながら読み進めてください。

第2章 ビジョンを描く

3年後にどんな働き方をしていたいのか思い描く

ビジョンというお題を投げると、「3年後のビジョン? それは経営者が考えることであって、営業所に必要なのか」といった反応が返ってきます。ビジョンといっても**営業所としてのビジョンで、自分達のありたい姿を思い描くこと、それを皆で言葉にして共有する**ことで、やらされ感がなくなり、自分事化することができます。

「収益を上げるにはどうしたらいいか」とつい考えたくなりますが、最初に取り組むことは、5、6人のグループになって、3年後のビジョンと戦略ロードマップを描きます。

討議には、仕入れ担当、派遣社員、パートさんなど、事務スタッフも参加してもらいましょう。彼らは冷静に営業所全体を俯瞰《ふかん》して見ていることが多いため、思わぬヒントを出してくれるからです。

感じたことをどんどん言葉にしていく

　模造紙を広げ、付箋紙に各自が思い描くビジョンを言葉にしてみます。自分達は、どんな営業所でありたいのか？　顧客とどんな関係を築いて何で貢献していたいのか？　営業所はどんな雰囲気なのか？　自分はどんな仕事の仕方をしていたいのか？　その実現のための戦略とロードマップは？　行動や判断の軸はどこに置く？

　イメージが作りやすいよう、さまざまな会社のあり方を描いたＤＶＤを見たり、雑誌を何十冊も用意します。ピンときたらそれを切り抜き、模造紙に貼って感じたことを言葉にしていきます。「自己ベスト」「会社に行きたい！」「指名ナンバーワン」「仲間が最高！」「お客様からありがとう！」などの言葉が次々に書き込まれることでしょう。

　ある時、30歳前後のおとなしい雰囲気の女性社員が、雑誌にあった武装ヘリの写真を切り抜いて模造紙に貼り付けました。「武装ヘリは知恵と技術の結集。自分たちは価格競争に陥らない。顧客視点に立って最高の知恵と技術を結集して顧客貢献度でナンバーワンになる。お客様の視点に立った、存在感のある売場を作りたい！　だから武装ヘリのイメージ」。私も含めて周りの男性達は、発想のすごさに驚いて圧倒されてしまいました。彼女の内に秘められていた仕事への情熱を目の当たりにしたからです。**一番良い商品・サービスは、主体的なビジョンから生まれてきます。**

ありたいチームの姿を時間軸で組み立てる

営業所でのビジョンが明確になると、それを実現するための戦略ロードマップも作成します。「1年後にフードコンサルティングチーム、2年後に外食開発チーム、3年後に感動創造チーム」など、ありたいチームの姿を時間軸で考えるのです。自分で考え感じたことが絵や文字で「見える化」された営業所になると、事務スタッフまでもが新しいアイデアを出して営業に貢献する意欲を持つようになるからです。

社員自身が考え、表現する機会を作ることで思わぬことが起こり、組織が活性化していきます。業績も環境が厳しさを増していても記録を更新していくのです。それでいて忙しくなるかというと、そうでもなく、反対に残業が少なくなるという共通の特徴がある。どこに力を入れて、何をやめればよいのか学習していく組織になるからです。

あなたの営業所のビジョンは何ですか？

ビジョンを達成するために一番優先している目標は何ですか？

感じるまま表現する
ビジョン？経営者が考えることでしょ？
3年後に自分がどんな働き方をしていたいか…
感じるまま書いてみては？
う～ん…
わ…私は…
顧客視点で最高の知恵と技術を結集した
武装ヘリのようになる！
すごい熱意発想力だ…
じゃあ俺は装甲車で応戦だ！
応戦すんな！

昨対比の呪縛から自由になり非財務に目を向ける

日本の人口はすでにピークに達しており、これから人口が減少していくことは周知の事実です。既に、著しい人口減少から起きるさまざまな課題に直面している地域もあります。しかしながら、各地域の営業所での会議に参加して内容観察をすると、やっている会議は相も変わらず、昨年対比による売上げ増や予算対比での達成率を目指す話ばかりです。

人口が減少していれば、数字を拡大させるだけの発想では息が詰まってしまいます。特に、どこか遠くの本社から株主対策として降りてきた数字では、なおさら現場は燃えない。

よくよく考えてほしいのは、営業会議が売上げ達成の話から始まるばかりでは、社員はやる気が出ないということです。やる気が出なければ、仕事はこなすだけになって効率が悪くなり、残業も増え、果てはうつになってしまうこともあります。

財務だけでなく、**非財務の視点を盛り込む**ことをリーダーは意識してほしい。非財務とは、例えば3年後に顧客とどんな取組みができるようになっていたいか、どう成長していたいか、どんなチームになっていたいか、顧客からどう評価される営業所になっていたいか、という数字以外の働き方のことです。

軸をぶらさずワクワクすることが突破力になる

本書にも180日間営業変革プロジェクト導入顧客の昨年対比の結果を掲載していますが、それは結果であって「どうやってこの会社の業績を上げようか」と先に業績から考えたことはありません。

いつも考えていることは「どうしたら働く社員がワクワクするような組織にできるだろうか」。

目の前の利益を上げなければいけないのに、そんな悠長なことは言っていられない、と思いがちですが、そこは踏みとどまって考えるべきことです。「遠きをはかるものは富み、近くをはかるものは貧す」（二宮尊徳）。

現場の社員がワクワクすれば知恵や工夫が次々に湧いてくるため、自然に結果が出てきます。ただ、このワクワク感も遊びだけではいけない。

経営の質を高めることにリンクすることが重要です。そこには経営者のこだわりと、顧客に対してどのような喜びを提供するのかを徹底して考え、軸を決める必要があるのです。

変化適応できる会社ではなく、「新しい未来を創る会社」がこれから伸びる

牛たんとろろ麦めし「ねぎし」の「実践的人財共育」という考え方はユニークです。アルバイトも含めて、顧客を喜ばせることに軸を置き自由闊達《かったつ》に意見が言える風土を作りました。

その結果、アルバイトの離職率の低水準化と従業員満足度を向上させました。

違う業界でも参考になる事例があります。ロハス（健康と環境）をテーマにしたスーパーホテルは、「ぐっすり眠れる」ことにこだわっています。そこに集中しているからアイデアも秀逸です。寝具や照明の工夫、防音扉、天然温泉、健康朝食など徹底して朝の目覚めがよくなることを追求しています。**そのこだわりに人は感動するのです。**

私達は「経営は環境適応である」と習ってきました。生き残るものは強いものでも賢いものでもなく、変化に対応できるものだと教えられてきました。しかし、日本経営品質賞を受賞しているこれらの企業経営の共通点は、今までの延長線上にない「新しい未来を創っている」ことにあるのではないでしょうか。

Q あなたが大好きな会社を3つあげてください。

Q その会社が大好きな理由は何でしょうか？

第3章　正しい危機感を持つ

まじめな雑談をする習慣で環境変化に強い組織を作る

将来の課題やリスクに向き合えるチームを作り上げることができれば、環境変化に強い組織になるといえるでしょう。しかし、多くの場合、日々降りかかる仕事に対応するのが精いっぱいになっていないでしょうか。

私は日本全国のさまざまな組織を見ていますが、朝礼などで毎日の目標を明確にしつつ、**大きなテーマについても話し合いをする習慣**が身についているチームは、成長し続けています。

一般的にはテーマが大きいと他人事になりがちです。典型的なのがＴＰＰ（環太平洋経済連携協定）でしょう。とはいえ、「さあ、業界の将来課題やリスクについて話し合いをしよう」と言っても、なかなかできるものではありません。そこには、きっかけ作りが必要です。業務に関するまじめな雑談には、「ワールドカフェ」という手法は手軽でやりやすいでしょう。

ワールドカフェで主体性と創造性を高める

ワールドカフェとは、メンバーの組み合わせを変えながら、小グループで話し合いを続けることで、そこに集まった全員と創発する機会を生み出す話し合いの方法で、カフェのようにリラックスした雰囲気の中でこそ、人は主体性と創造性を高めることができるという考え方に基づいています。

テーブルについた数人が与えられたテーマについて討議し、その後テーブルに1人だけ残して他の人が別のテーブルに移動し、前のグループが討議したサマリーを聞いた後、さらに議論を深めます。テーブルの真ん中に模造紙を置き、他の人の発言をどんどんペンで書き込んでいくため、自由に発言しながらも他のさまざまな意見にも耳を傾けることができる仕組みになっています。

私の場合は、色の違うペン2本を各自に渡してメリット、デメリット、あるいはネガティブ、ポジティブの色分けをしながら議論を進めます。一目でどちらの書き込みが多いかが分かるからです。8人での話し合いが最も多くの創発を生み出します。3回繰り返した後、最後にもう一度自分の席に戻り、模造紙を見ながら最初の会話からどれだけ発展したかを確認すると、創発を実感できます。

ワールドカフェでTPPのような高次元のテーマを取り上げることは大きな効果があります。自然な形で質の高い会話をする雰囲気を作るきっかけになるからです。日常会話の質を向上させると共に、将来起こることを想像する力を養うことができるのです。

一段上を目指すと見える景色も広がる

TPPといった社会環境変化がもたらす生産者、お客様への影響について視野を広げて情報収集できるチームには共通したものがあります。それは目指す姿が高いことです。上司が営業マン個々になりたい姿を描かせる、あるいは問い続けることが、大きなテーマにも向き合う力を作るのではないでしょうか。目指すものがあればおのずとアンテナは高くなり、情報収集も幅広くなり、視座も高くなります。マズローの欲求5段階説はそれなりに説得力があります。食べていくだけよい、この会社の一員であればいいという生存や社会的欲求レベルより一段上を目指し、自分はこんな営業マンになりたいといった欲求を持ち、自己実現のレベルへと上がれば、見える景色も広がるからです。

ニュースについて雑談する仕掛けをどうすれば作れるでしょうか？

自分達の業界将来像を雑談する機会をどうすれば作れるでしょうか？

シェア獲得競争について洞察してみる

シェア（市場占有率）アップを目標に掲げている企業は多い。中でも多くの食品メーカーは、シェア率をKPI（主要成果指標）の一つとして設定しています。

とはいえ、卸店、量販店を担当している営業マンにとっては、なかなか一筋縄ではいかない問題です。

自社対顧客との歴史的な関係もあり、仕入れバランスを変えて特定仕入れ先の売上げを伸ばすのは、リスクが伴うと考えるバイヤーも多いのです。

なおかつシェアアップは営業マンの命題でもあるので、取るか取られるかの戦々恐々とした活動が繰り広げられているのが実情です。

マーケットを創造するパートナーとなれば理想的

それではあえて、シェアトップのポジションを取るメリットから考えてみましょう。

生産性向上ももちろんですが、顧客から見てもシェアトップの企業は、重要な仕入れ先となるため、先々の販売見込み、販促方法などの密な打ち合わせが要求されます。

そのため、顧客の販売戦略と自社商品の販促活動の連動、最適化が求められます。その結果として顧客の情報が入手しやすくなり、将来への提案活動の精度も上がります。また、売場の主導権を握ることができるので、自社の新商品の導入もしやすくなります。

さらに、インストア内の商品露出が増え、消費者の認知度も上がります。

そして、なによりインストアシェアナンバーワンを取ることの最大のメリットは、営業マンの体験とノウハウの蓄積にあります。シェアナンバーワン企業を担当した営業マンは皆、**伍して共に市場をつくる醍醐味《だいごみ》**を体現することができたと振り返るからです。

そして単なる取引相手から、共にマーケットを創造するパートナーとしてのポジションを経験することができます。企業にとっても営業マンにとっても、シェアトップを勝ち取るメリットは確かにありそうです。

圧倒的2番とは、なくてはならない存在になること

それでは、図らずもシェア2番手、3番手のポジションに位置する場合、何をすべきに営業

活動を進めればよいのでしょうか。顧客内信頼度ナンバーワンとは、売上げシェアだけではありません。このテーマはよくよく吟味し、長期的に考えるべきことの一つです。現在、どのようなポジションにいようが、バイヤーの信頼を勝ち取り、存在感でシェアナンバーワンを目指すことはできます。**それは、何かことが起こった時にどのメーカーよりも先にバイヤーから声がかかるポジション**を獲得することを意味します。つまり、お客様のお店で客足が減った、売場に魅力がなくなってきた、競合他社の提案がイマイチ、在庫切れを起こした……などが千載一遇のチャンスであり、そこでの対応力が存在感トップシェアの座を獲得する指標となるのです。

昨今、資本提携など政治的な関係が強化されて入り込む余地がないと嘆く営業が多いゆえに、あらためて申し上げたいことは、「お客様が困った時に、バイヤーから最初に声がかかる関係を構築していますか」。これが圧倒的2番になることです。もし、まだのようであれば、チームが目指すべき重要な指標として掲げられることをお勧めします。これを私たちはチーム営業に求める重要なテーマの一つと捉えています。

お客様はどんな変化を望んでいるでしょうか？

どうしたら、その変化をお客様に届けられるでしょうか？

第4章 大いなる機会を発見する

顧客の成長性と顧客内シェア分析で重点顧客を特定する

自分達の営業所のありたい姿をビジョンマップで描いたら、その目標に向かって進みます。利益の源泉となる取引先を2つの軸で分析して、「重点顧客」を特定してみましょう。

縦軸は「顧客成長性」、横軸は「顧客内シェア」。顧客成長性とは、業績予想、店舗拡大戦略をとっているか、一般消費者へのサービス向上努力や社員の熱意などに将来性があるか。顧客内シェアとは、顧客から自分達の会社がどのくらい重要視されているか、全体取引額の比重はいくらか、相手基点で分析します。

2つの視点でマトリックスを作り、既存と新規顧客を4つの領域に分けます。(**1**)のグループは「シェアは小さいが今後の成長性が大きい」(**2**)のグループは「シェアは既に大きく成長性も大きい」(**3**)のグループは「すでにシェアは大きく成長性が小さい」(**4**)グループは「シェアは小さく成長性も小さい」。

望ましい収益構造を考え、新たな機会を創出する

（1）のグループが将来の利益に貢献する「重点顧客」となります。現在シェアが大きい（2）と（3）のグループの取引先は、現在の利益に貢献する重要顧客ではありますが、「今行くべき重点顧客」でありません。

反対に取引先の仕入れ総額といった全体像を把握せず、（2）と（3）のグループは既にシェアが大きいからもう伸ばせない、と思い込んでいることもあります。多角的な視点で確認する必要があります。

討議をする際には、「自分達にとって儲かる顧客（売上げ）構造とは」「望ましいコスト構造とは」「望ましい収益構造とは」「どう儲かる市場構造を創るか」と利益構造にこだわって分析を進めます。「機会はどこにあるか」「機会ロス低減をどう図るか」「獲得するといくらか」と数字で客観的に把握します。

自分の意見を言う前に部下の意見を先に言わせる

討議は現場の営業担当社員が最初に考えてマッピングします。その後に上司や別の部署の上司、前任者などが一緒に議論します。初めから一緒に議論すると上司が顧客を分析してしまう結果となり、部下の考える力がつかないからです。人財育成の観点からも、ここは上司が我慢して部下自らが考える時間を作ります。

ある営業担当社員がマッピングしたところ、すべての顧客が(**3**)のグループに集中しました。「A社はもうこれ以上売れません。シェアいっぱいです」と言うわけです。ところが、上司から見ると(**1**)や(**2**)に入る顧客がたくさんあるように見えました。そこで、顧客の月間仕入れ総額や他社商品との比率について質問した末、とうとう(**3**)の枠から顧客の付箋紙がなくなってしまいました。

ここで急いで次にいかず、貼り直したマップを囲んで振り返ります。**適切なタイミングで良質な質問をすることが人財育成につながるからです。**ここでは、どう感じたか、と部下に問いかけます。部下自身が「行きやすい顧客と今行くべき顧客が違う」ことに気づき、自分の言葉で表現すると腹落ちがよくなります。やらされている感がなくなり、次のステップへのエネルギーが湧いてくるからです。

今の顧客のニーズは何でしょうか？

顧客ニーズをつかむ視点を５つあげてみてください。

商品を売ろうとする発想を一度捨てる

重要顧客は現在の利益に貢献しているお客様で、重点顧客は将来の利益に貢献するお客様です。グループ討議で分析を深めるのは重点顧客です。しかし、そもそも現在のシェアが低いため、訪問頻度も少なく相手のことをよく知らないから、討議もなかなか進まない。

さあ、シェアを上げるために何をすべきか、と考えてしまうと、「どの商品なら買ってくれるかな」「いくらにしたら仕入れてくれるかな」といった商品と価格の発想から抜け出せない。相手からすると「値引きしますよ」「キャンペーンですから」といったところで、あまり魅力ある提案には見えないのが現実です。そこで思い切って商品を売ろうとする発想を一度捨てます。

ここでやるべきことは相手を知ることです。取引先は何に困っているのか、悩んでいることはないか。普段会話する相手として仕入れ担当者だけでなく、上司や店長、そのお店に買いに来る一般消費者にも目を向けてみます。商品以外で困っていることはないか、課題はどこにあるか、と観察していくのです。

顧客を取り巻く環境を観察し、サービスに目を向ける

営業担当者が自分の意志で考えを深めることができるよう、いくつかの質問事項を書いた模造紙を用意しチームで討議します。「商品・価格」「サービス」「現在の売上げ規模」「営業所内売上比率」「顧客の変化」「変化からのニーズ」「機会の中身」「潜在機会の金額」「現在と潜在機会の合計」。これらの問いは、営業担当者が商品と価格の視点から脱皮するための項目です。金額を入れているのは、数字が見えると営業担当者はやる気になるからです。

「商品・価格」とは、現在どんな商品をいくらで提供しているのか。「サービス」は、商品以外のサービスを提供しているかどうか。サービスを提供していなければ、そこに機会があるといえます。

「顧客の変化」とは、顧客の現場を取り巻く環境を観察して見えてくることを記載します。例えば、外部環境であれば、近隣にスーパーができて顧客が減っている、内部環境であれば、新人社員ばかりで売場作りがうまくいっていないなどです。この変化から見えてくるニーズは、競合情報の提供、魅力的な売場作りの提案となります。新たな商機が見えてきます。

異業種情報をインプットして思考を広げる

質問項目が書かれた模造紙を前にすると、凍りつくグループもあります。重点顧客の売上げが分からない、新規出店状況が分からない、考えたことがないことばかりの状況にがくぜんとします。

各人の思考を広げていくために、こちらからは競合情報や異業種の情報を提供します。例えば、ある食品スーパーが大手ホームセンターのクロスマーチャンダイジングを研究している、ファッションのカラーコントロールを研究している……などです。さまざまな視点の情報が入ることで調査や知識の重要性が理解され、自分達でも調べる意欲がわいてきます。2日間の集合研修だけでは項目は全て埋まらない。空欄の項目を明確にするには何を調査すべきか、あるいは研究することは何か、チームでのアイデア出しが始まるのです。

Q 今の顧客のニーズは何でしょうか？

Q 顧客ニーズをつかむ視点を５つあげてみてください。

顧客の先の先まで見る力をつける

営業担当者からすると、目先の売上げを上げたいのは当然のことでしょう。しかし、3年後や将来を考えた経営の視点に立った場合には、長期的に収益が上げられるにはどうしたらいいのかを考える必要が出てきます。基本は、顧客をよく知ること。

「顧客を知る」とは、顧客の先の先まで見る力をつけるということです。まず、重点顧客の課題について仮説を立て、必要なPOSデータを取り寄せて多角的に分析し、現場にも行く。

集めたデータで、地域ごとに売れる商品の違いから地域性を予測する、昨年との比較で顧客ニーズの変化を予測する、販売促進をしている場合にはその効果、重点顧客のライバル店との違いを見つけるなど、さまざまな切り口で分析してみます。

仮説とデータ分析をベースにして、小売側に、販促提案、売場提案、商品提案、味の提案をすれば、説得力のある内容となるでしょう。

女性調査員による生活者データ分析力を活用する

実例を紹介しましょう。増収増益を続けている、ある食品販売会社は女性調査員制度を確立しています。彼女らは目的に応じて情報を切り出せるよう教育された、生活者データ分析の専門家です。

この食品販売会社の中でも断トツにできるA営業所を観察すると、女性調査員の能力をフル活用している点が際立っています。A営業所は、重点顧客のB社の小売店舗の売上げを伸ばす方針にしました。春からバーベキューの需要があるのではないかと仮説を立て、B社の海辺近くのスーパーC店に焦点を当てることにしたのです。そこで、C店周辺店舗の売上げを調べると、鶏、牛、豚、串、内臓の順番であることが分かりました。

さらに別のデータを探して分析すると、焼肉のたれ、木炭、焼肉用カット野菜はゴールデンウィークからお盆のピークにかけて、大きな供給の山を作っています。7月から8月は、カット野菜では週末は平日の約2倍、木炭では約10倍の供給を作っており、焼肉のたれも同様の波形データでした。やはりバーベキュー目的での購入者が多いと検証できました。

生活現場に足を運び、感じたことから発想していく

ＰＯＳデータは、「いつ」「どの店で」「どの商品が」「いくらで」「何個」売れたのかは分かりますが、「誰が」「どんな目的で」は分からない。そこは現場に行き、見て、聞いて、感じるしかない。

Ａ営業所は、営業担当者と女性調査員が日曜日、バーベキューをする人たちに、どこで何を購入するかをヒアリングしました。キーワードは「店が近い」「短時間で買い物できる」「安い」「ボリューム」「焼肉アイテムが豊富」となりました。

周辺店舗や消費者ヒアリングの結果を提示しながら、Ｃ店にこれまでなかったバーベキューコーナーの設置を提案したところ、売場レイアウトも含めて全てＡ営業所に任されることになりました。仮説を立て、データ分析と生活現場ヒアリング、提案といった仕組みを構築できれば、取引先からの信頼を得られ、強い収益構造を支える基盤になるといえます。

営業所では**重点顧客をチームで担当することで、一人の営業マンだけではできない顧客ニーズを創造する**ことに成功しています。

Q お客様のために、どんな「感動提案 Wow！」を生み出したいでしょうか？

Q 重要顧客のために、どういう「特別」を作り出していますか？

第5章 やめることを決める

会議は参加するのが楽しい場になっているか

会議は何のためにあるのでしょうか？　本来は、みんなで知恵を絞り合いながら、組織が抱えている問題についての解決案を探り出したり、新しいアイデアを生み出すための場のはずです。

しかしながら、単なる報告会であったり、長くて、退屈で、何も決まらない会議になっていることがあります。**会議は本来、楽しいもの**です。会議が変わればメンバーの意識が変わり、行動が変わり、チームの成果も変わります。そして、成果が出ることでメンバー間の関係性が良くなり、さらに良い思考、良い行動、良い成果という循環が得られます。

会議を「参加するのが楽しい場」、「思わず意見を言いたくなる場」、「決めたことを実行したくなる場」にしていきたくありませんか。いやいや、現場は忙しいからとにかく会議はしたくない、ということになっているかもしれません。

皆で決めれば実行できる

営業の現場はいつも時間がない、目の前の売上げで手がいっぱい、じっくり分析する機会がない、研修に出ている時間がない、研修しても営業現場で生かせない、かえってやることが増えて忙しくなる、といった声をずいぶん聞いてきました。

それを乗り越えるためには、やめることを決めて時間を作ることが最初に必要です。しかし、一人でやめることは決められません。行き着いたのは、**チームで「やめることを決める会議」**。自分達で日頃「やめてもいいのではないか」と思っていることを書き出して算出します。

営業所全体で削減時間目標を設定するのですが、最初に「1か月100時間を目安にカットしよう」と声をかけると「そんなにできないでしょう」という反応が返ってきます。私の経験上、一人4時間程度を目安にすることにしているので、30人であれば120時間、10人なら40時間。

模造紙を用意し、一人ずつ付箋にやめたらいいと思うこと、やめることで削減できる時間を書き出します。例えば、納品伝票に賞味期限を書くのをやめると一日10分削減で22日間だと220分。10人だと2200分。これだけで約38時間削減できます。書き出すと案外できそうだということが見えてきて、どんどん楽しくなってきます。怒り出すのは所長くらいで「おいおい、そんな無駄なことしていたのか！」という場面もしばしば。「いやー、先輩がやっていたんで無駄と思いつつ続けてました」。

「時間ができた」「**成果を出すことに集中できる！**」と現場は活気づきます。「やめることを決める会議」は皆で新しいルールを決める楽しい会議になります。

Q 何をやめれば、もっと成果を出す活動に集中できますか？

Q それをやめるためには、何をすればいいでしょうか？

悩みや情報を共有し「取引」から「取組み」にしていく

継続的に収益を上げるには、一人のできる営業マンに頼るのではなく、組織と組織が関係を深める必要があります。営業メンバーはもちろんのこと、事務員も含めてチーム力を上げていきます。悩みや情報を周囲と共有し、取引から取組みにしていくのです。

「取引」と「取組み」。似ていますがコアの精神が異なります。取引とは、単なる駆け引きで、ベースは損得勘定です。「安い商品持ってこい」に象徴されるように、何かが介在する余地はなく、値段と数量で商売が決まります。一方、取組みとは、どういう売場にしたいのか、**顧客のビジョンや方針を共有し、リスクも負いながらお互いが信頼できている関係**です。業績が振るわないある営業所の事務員は、こんな言葉をつぶやきました。「うちの営業所は、昔は商売していたのに、今は納品しているだけ」。

昔を懐かしんでいる暇はない。今すぐ周囲を巻き込んで、取り組む決断と第一歩を踏み出すだけです。

アイデアを出せる場があれば創発が生まれる

売上げを上げるには量の追求が不可欠ですが、利益構造に視点を転ずると、価値ある事業をしているかどうか考える必要があります。量を売りたいなら需要のある安い商品を売ればいいのですが、これでは薄利多売の構造から抜け出せません。しかし、気合いで「高い肉を買ってくれ」では、相手は動きません。

ここでチームが力を発揮します。顧客の期待を超えるサービスを提供し続けるためには、一人の力では限界があるからです。アイデアを出せる場があれば、創発が生まれます。

実例を紹介しましょう。食品会社のA営業所は、高級スーパーB社に新しいお肉を紹介したいと考えました。そのスーパーのことを調べると、**世界の塩コーナー**があったことから、塩へのこだわりを感じたのです。そこでA営業所は、B社社長を営業所に招待し、B社のスーパーで購入した食材や塩を使って、新たに提案したい肉の試食会を実施。お店の雰囲気への感想、売場作りの工夫についても提案しました。「今日は素晴らしいもてなしをありがとう」。この感動が商談を一気に進める力になりました。

10分会議は集中力を高め質も上がる

皆ですぐ考える風土を作る、これが実は最も会社を強くし、利益を支える基盤になります。しかし、長時間の会議ではすぐに集まれないしコストもかかり、利益を圧迫してしまいます。

そこで有効なのが、キッチンタイマー。会議する時間をセットしてスタートすると、集中力が高まり、繰り返すうちに内容の濃い会議が自然にできるようになります。前述のA営業所の試食会も10分会議を3回繰り返した後に生まれたアイデアです。業績の良い営業所の日報は、こんな会議をした、誰がどんな発見をしたなど、プロセスの内容について書かれていることが多い。一方、業績の悪い営業所の日報は、どこで商談をしました、と単なる業務報告書になっていることが多いのです。プロセスや改善、人が育つ仕組みに目が向いていないといえます。

最近はスタンドテーブルも推奨しています。気軽に集って立ち飲みカフェのように立って会議ができるからです。部門間の壁を取り除き、組織全体の雰囲気もよくなります。会議の質を上げること、これが強いチーム作りに欠かせないのです。

Q 営業所にはどんな創発の場が作られていますか？

Q もし無いなら、どんな創発の場がほしいですか？

協働型解決モデル「アクションラーニング」を現場化して活用する

人財開発手法の中には問題解決力を育成するモデルがいくつかありますが、私が着目したのはアクションラーニングです。チームで問題解決する力を育成する学習モデルで、ジョージ・ワシントン大学のマーコード博士が開発しました。

提示された問題に対して、質問手法を使って状況と気持ちを共有しながら協働型で解決方法を模索し、変革行動を導き出します。問題提起者は、質問に回答していく中で「自分の状況が分かってもらえた」と感じ、他のメンバーも質問することで協力したい気持ちが湧いてきます。

多くの場合、問題を抱えた担当者の顔は不機嫌です。しかし、この一連のプロセスで最後には笑顔になります。この変化を見てすっかりほれ込んでしまい、2003年にはアイマムでアクションラーニング事業を開始しました。公式パートナーとしてマーコード博士の来日支援やコーチ育成にも尽力しました。以来、現場で使えるように改良を重ねてきたのです。

質問を深めていくと本質が浮き彫りになる

例えば、Aさんが「いつも出発時間が遅くなることが問題」と提示したら、5人がAさんに質問をします。「朝一番にやる作業は?」「荷積みに何分かけている?」。

質問の際には意見やアドバイスをしてはいけません。一緒に解決しようという気持ちになることが大切なのです。実施に当たっては6人が望ましく、1つの問題に5人が質問することで、多種多様になり本質を浮き彫りにしやすくなります。

次に問題の再定義です。6人が各自提示します。「ルート計画に問題がある」「注文の確認を朝していることが問題だ」。6つ出た再定義の中で、これが問題の本質だと思う提示された意見に各人が投票します。

最後にAさんが本質だと思うものを特定して、解決のための具体的な行動計画を立てます。この例では、Aさんは「注文の取り方に問題がある」という指摘に納得し、「前の日に注文を取るようにする」「締め切り時間を先方に伝える」といった行動を自ら導き出しました。他のメンバーもAさんにできる協力を考え、「注文しやすいフォームを作成して支援する」といったチームの協力を打ち出しました。

問題を再定義すると自分のアクションを導き出せる

何が問題かと問われて最初に出てくる原因には、一般的に〝他責〟が多いのです。他者に責任があるという考え方では、自分の行動で解決することはできないでしょう。皆で質問しながら問題を再定義するプロセスを経ると、自責の理由があがるようになります。自責になれば、自らの変革行動を起こせるから、名前のとおり、最後にはアクションが導き出せるようになるのです。

アクションラーニングも基本プログラムは75分で現場では長すぎるため、30分に短縮しました。プロセスも分かりやすいフレームワークに改良し、(**1**)問題提示 (**2**)質問 (**3**)問題の再定義 (**4**)アクションと協力……としました。参加メンバーの興味関心が高まり、本人もメンバーに感謝するため、自然にその後の報告ができる組織風土にもつながっていきました。

今では、10分でもできるようになるまで進化したため、「アイマム流アクションラーンニング（略称i・AL）」と命名しています。

Q 営業所の本当の問題は何でしょうか？

Q それをチームで議論する習慣をどうすれば作れるでしょうか？

第6章 チームで成功体験を重ねる

知識習得は仲間と協力し合って

高業績チームの特徴は、**チームメンバーが組織にとって「役に立っている」「仲間がいる」「成長している」と実感することができる風土**が出来上がっていることです。特に若手育成では、成長が実感できる仕組み作りが企業成長力の基盤を形作るといっても過言ではないでしょう。

中堅社員の後輩育成力向上を課題としてあげる企業は少なくありません。若手育成担当者は対象となる若手社員が「成長しているという実感がもてない」「自分もどうやって教えればいいかわからない」という意見をよく聞きます。人財育成は数字で測ることができないと考えられることが多いのですが、数値化の仕組みを工夫している会社もたくさんあります。お薦めは基本知識を習得するためのテストです。理解力測定と周囲の協力で確実に点を上げる仕組みを作ります。

１００点取るまでやりきる

ただ単に能力を図るという意味でテストを実施すると失敗してしまいます。ポイントは１００点を取るまで実施することなのです。そして、一人で孤独に点数を上げていくのではなく、そのプロセスに「周囲が教える」といったメンバーの協力を組み込みます。

例えば、ある商品の販売知識を教育するとしましょう。まず、現時点の知識を測るためテストをします。採点して50点なら何が理解できてないかを分析し、不足している販売知識を教えます。教えた後に理解したか、覚えたかどうかを確認するために再度テストを実施します。そこで80点が取れても終了してはいけません。**１００点を取るまで周囲が協力しながらテストを続ける**ことが大事です。このテストは選別のための試験ではなく、土台作りです。分かりやすくいえば、掛け算の九九のようなものです。九九がしっかりいえる子どもは算数ができます。基本の土台がしっかりしているから、その上に高く積むことができるのです。

長所を伸ばすことは大賛成ですが、基本である九九においては長所も短所もありません。五の段が苦手だから得意な七の段で勝負！　はあり得ません。１００点取るまでやるメリットは、他にもあります。点数が上がるたび、チームメンバーがほめたり励ましたりすることができます。本人も点数が上がることで成長を実感できるし、100点というやり抜いた経験も大きな財産になるでしょう。

小さな成功体験をチームで重ねる

A営業所では、各種食肉の販売を行っています。Bさんという社員がなかなか数字を伸ばせないため、上司にBさんの営業を同行させました。すると、Bさんは顧客の「品切れ部位の肉の代わりに何が使えるの?」といった質問に答えることができなかったのです。これまでの上司は、「何でそんなこと知らないんだ、もっときちんと勉強しろ」とうるさく言うだけでしたが、「きちんと」と言われてできるなら苦労はない。テストという手法を知り、さっそく会社で実施することに。

Bさんの1回目のテスト結果は案の定50点。何の商品知識が足りないのかを分析し、レクチャーし、4回目のテストで100点となりました。100点を達成した時には、Bさんの達成感はもちろん周囲のメンバーも会社も成長を実感したことは、いうまでもありません。

このように確実にできる「小さな成功体験」のチームでの積み重ねが組織を強くするのです。

あなたの本当の基準はどういうものでしょうか？

そこに近づくために、何をすべきでしょうか？

諦めや他責が充満する議論で価値を求めて悶々とする

社員数500人の主に畜産・水産用配合飼料を製造販売する会社の経営理念は「特性ある仕事をして社会に貢献する」。大きな会社になればなるほど、花形の事業部もあれば、影もあります。どちらかというと、水産部は全体からすると5%程度の売上げであり、後者に当たる存在でした。メーカーにとって売上構成比が低いということは工場の生産性の問題と絡んできます。つまり、水産部は亜流。そのような中、原料の高騰などの影響で業績がさらに悪化し、一昨年は、存続すら危ぶまれる状態となりました。

水産部はついに、当時の常務の管理下に置かれ、直轄の部署となりました。会議では常務とメンバーの間で激しい議論がなされました。常務が静かに語り始めました。「このままでは部の存続は危うい。そもそも君達は、工場からの評判が悪い。工場と一体とならない限り、良い営業はできないぞ」。しかし、メンバーは反論。「そんなことといっても、私達の事業部はやればやるほど、メイン事業に負担がかかる。工場の目標と、私達の仕事がそもそも合わないんです。そこは常務が仕切ってくれない限り、無理です」。諦めや他責が充満する議論は約2時間続きました。次第にメンバー達もこのままで良いのか、自分達の存在価値はなんなのかという思いで悶々《もんもん》とし始めたその時です。

若手のひと言から流れが変わり大飛躍へ

若手のメンバーから「本当に、工場からするとただのお荷物なのでしょうか。共に、目指すべき目標は作れないのでしょうか」という**問いが投げかけられました**。そのひと言がきっかけとなり、全員が真の問題に向き合い始めました。これまでは顧客からのクレームを営業が受け、バラバラに工場と対応。結果として、営業マンが一人で問題を抱え込み、終始その対応に追われていたことを認識したのです。そしてついに、個人ではなく、水産部として工場に要望する必要があるという結論に至りました。その後はプロジェクトチームが発足し、拠点ごとに工場と会議を重ね、問題であった在庫日数、アイテムの整理、品質改善などの目標を合意し、改善のための取組みがスタートしました。そして6ヶ月後、水産部は大幅な業績向上と会社への貢献により、なんと、その年の部門別業績評価で21部門中1位のS評価となったのです。

腹をくくって、チームで問題の本質に向き合う

組織の一度落ちた活力を上げるのは容易ではありません。諦め感や会社への不満が募れば募るほど考え方は他責となり、変革する力が削がれていきます。そこに必要なのは「自分達にできることは問題の本質と向き合うことしかない」と腹をくくることです。常務は半年間のプロジェクトを振り返って次のように語りました。「問題を解決するにはトップダウンではうまくいかない。チームでの成功体験が成長の源だ。今回のことで、水産部は模範となるチームを作り上げた。今後は会社全体としてさらなる飛躍を創りたい」。同社の改革はまだまだ続きます。

Q 周りの力を変化させると、何ができるでしょうか？

Q 周りを巻き込めるとしたら、どんな力がほしいですか？

営業所単位の成功を事業所全体に広げるには

事業部全体でのチーム作りは、各営業所単位のチーム作りよりもダイナミックさが必要になります。食品会社の事例を紹介しましょう。ここの営業所に行くと、朝礼では全員が経営理念、行動指針を唱和し、彼らは日々体現しています。

２０１２年からチームワークをキーワードに営業や人財育成に取り組み、営業所単位での実績は次々に更新してきました。次なる課題は、この取組みをどう全社に広げていくか。そこで事業部単位での新たなプロジェクトとして、各営業所の量販担当営業マンを集めた**組織横断のチーム営業**を実施することになりました。

自分の成長を信じ、支えてくれる仲間がいるから

この横串プロジェクトは、１つの量販店について、違う営業所の営業マン３人とフードアドバイザー（ＦＡ）１人の計４人が一緒に考える試みであり、自分が担当する量販店以外のことを知り、お客様のために何ができるのか、企画を練るというミッションでした。

最初はぎこちない雰囲気でしたが、担当外の量販店について考えることで視野が広がり、これまで思いつかなかったアイデアが次々と生まれました。地域高齢者の生活実態に即した購入しやすい商品形態や価格設定。顧客企業が競合しないように商品別キャンペーン時期の調整をするなどダイナミックな変革が可能となりました。納品実績が前年比6倍になったチームもあり、彼ら自身も驚くほどの成果が出ました。

私が最も印象に残ったのは、FAのEさんが、テレビ会議だけでは不十分と判断し、バスを乗り継いで往復8時間使ってお客様の売場に出掛けて行った話でした。

相手のために惜しみなく自分の時間を使う、現場に行きお客様の立場で考えることを大切にする姿勢、この積み重ねが信頼となり、成果に結びついたと感じたからです。

Eさんは「仲間と助け合いながら働くことが私の喜びです。自分の成長を信じ、支えてくれる仲間がいるから自分の役割を果たせました。本当に素晴らしいチーム力が生まれたと感じます」と語りました。「一緒に歴史を作って行こう！」Eさんの発表に部長もすぐに応じました。一人では躊躇《ちゅうちょ》することも、仲間がいると力が湧いて大胆になれる。成果発表会は感動に包まれました。

チームでの成功体験は引き継がれる

横断プロジェクトは4人1組で合計9チーム。成果の出方はさまざまですが、発表内容に共通する点をまとめてみます。

仕入れ調整や在庫リスク対策が可能となる情報量が増え経験を増やすことができ、問題解決力がついた。営業所単位での成功を事業部の成功モデルにしていくことで、会社全体の最適化が進み営業変革が実現した。この2点がポイントです。

要となったのはチームでの成功体験です。個人の成功体験はすぐに忘れ去られますが、チームで達成した成功体験は継承されるからです。助け合う仲間がいることが励みとなり、発想や行動を大胆にしたといえるでしょう。顧客に感動を与え役に立っていることを皆で実感できたことでさらに喜びの輪が広がり、継承され、取引先からの信頼をも獲得し、売上げに貢献していったのです。

Q　意思決定は上（上司や本社）を意識した決定と、お客様を意識した決定のどちらが多いでしょうか？

Q　お客様のニーズを意識した意思決定は、具体的にどのようなものがあったでしょうか？

相手のために時間を使う
――テレビ会議中
やはり現場を見た方がもっと提案が浮かぶと思います
でも雪道で往復8時間かかるし上司の許可が取れるかな…
おお！この大雪の中遠くから来てくれたんですね！
いい提案をしたいのでうちのFAにも現場を見てもらいたかったんです
来てよかった！
やっぱり生活者の顔見るとニーズがわかります！

第7章 お祝いをする

強み100個出しで脳の活性化を図る

潜在力とは何か。表に現れていない能力、成長力、可能性と言い換えることができます。仕事に置き換えると、普段無意識のうちに何気なくしていることが、実は組織の力を支えている大きな力になっているということです。この潜在力を引き出すにはまずは見つけて明らかにするのです。私達のやり方は少々スパルタ的ともいえます。「組織の強みを100出そう」と提案するからです。なぜ100なのか。10くらいは、誰でも出る。100ともなると、相当努力が必要になります。一人では浮かびません。人に聞く、人の行動を見る、といった普段はしないこともしなければ出てこないのです。

なかなか100まで出てこないチームには、さまざまな角度からの働きかけをします。例えば、座っていれば立たせて討議させる、部屋から外に出てみる、他部署に聞く、ネットを見る、瞑想するなどです。外から環境変化という刺激を与えることで、脳の活性化を図り、発想の転換を起きやすくするのです。

チームで取り組むと化学反応がおきて新しい力になる

強みが30くらい出ると、結構出てきたという感覚になり、50になると限界感とゴールが見える感覚が同居し、１００まで出たら、達成感が味わえます。チームで成長が実感できる仕掛けが裏にあるというわけです。

「無理だと思っていたけど、みんなでやってみたらできた」「社内であの人に聞いたら、もっと出てきた」「人を巻き込めばいくらでも見つかる」。この感覚を得ることが、最も大切なポイントで、チームでの人財開発の肝になります。一人ひとりの潜在能力は、化学反応を起こせるチームになることで限りなく引き出せるからです。

化学反応は、チームが経営ビジョンにつながった共通目標やミッションを強く意識し、克服すべき**課題を発見する力**を身につけ、やりきる自信を感じた時に引き起こされます。強み１００出しプログラムはまさに、チームで化学反応を体感できる内容となっています。

営業以外の社員にも聞いて全社的潜在力を引き出す

ある営業所の実例を紹介しましょう。「もう思いつかない」と行き詰まっていました。「誰かに聞いてみてもいいですよ」と私がヒントを出すと、「そうだ、自分達だけで考えずに、仕入れ担当や中途入社の社員、倉庫のパートさんや事務員さんにも聞いてみよう」と新たな力を借りる発想になりました。

事務員は「強みですか？」「データ化されていることですかね……」「そういえば以前、**遊び心**で営業担当別、商品別、地域別で安売りランキングを作ったことがあります。同じ商品でも結構売り値にバラツキがあるのが気になっていたんです。これって役に立ちますか？」。リストを見た営業担当者は、自分が人よりも安く売っていることが分かり、さっそく高値交渉を始めました。課長もつぶやきました。「俺がもっと高く売れると言っても言い訳ばかりだったが、**リストを見せれば一瞬**だな」。

日頃は裏方の事務員やパートさんも営業活動に貢献できると思うと張り切ってくれます。他にも梱包の仕方で配送コストが削減できる方法など次々に出てきました。化学反応が会社全体に広がり、新しい力に変わっていったといえるでしょう。

Q 自分の会社の強みを100個模造紙に書き出してみてください。

Q その強みを事務員さんやパートさんにも見せて、さらに意見を聞いてみてください。

競争原理を活用して若手育成と利益の両方を獲得する

食品会社のある営業所では、ベテラン社員と若手社員に大きな力の差と深い溝がありました。そこで若手の力をつけるため、売るのが難しい和牛について競争プロジェクトを企画しました。あえて若手とベテランに分かれてのチーム対抗。若手組６人、ベテラン組７人で、人数も商品知識でも若手が不利でした。

ベテランの強さを見本にして学んでもらおうとの意図でありましたが、結果は意外なことに若手チームが勝ちました。和牛という高価な商品を販売するための販売手法をより深く考えるきっかけとなっただけでなく、新たな販路を見つけることができたことなど、若手の潜在力が大いに発揮されたのです。営業所の業績にも貢献し、若手育成と利益の両方を得ることに成功しました。さらに、ベテランチームもまさかの敗北に経験が先入観を生み可能性を小さくしていたことに気づくなど、さらなる成長へのきっかけをつかんでいました。まさに、一石三鳥のプロジェクトだったといえるでしょう。

達成後のお祝いが職場を明るくし、さらなる成長を促す

プロジェクト終了後何が若手の潜在力を引き出したのか。彼ら自身に要因分析をしてもらいました。「勝負のルールが明確だったため取り組みやすかった」「若手チームは得意先への先入観がなかったため自由な発想ができた」「売る工夫をみんなでする楽しさがあった」「勝ってみんなでお祝いするのが楽しみだった」「仲間を助ける気持ちが出てきた」「模造紙の貼紙で進捗《しんちょく》が見え共有できた」「話し合いをするようになった」「勝った若手チームの話し合い回数はベテランのそれを大きく上回っていた」などがあげられました。

3つにまとめてみましょう。(1)大いなる機会の発見ができている。若手はどこなら和牛を売れるか毎日相談し、機会を見つけてはすぐに行動するというチームPDCAを繰り返した。(2)成果をあげることに集中。通常業務がある中での実施であったため、必然的に助け合いが生まれ、チーム全員が対抗戦の期間和牛を売ることに集中して一体化した。(3)成功体験の共有。仲間とともにハードルの高い目標に向かっていく楽しさを共有し、達成後のお祝いが職場を明るくし、さらなる成長を促す。

いいチームは組織風土改革にも貢献する

私達がこの４年間で手がけた数は２６０チーム。ちょうど「チームマーケティングと組織風土改革」（２０１５年９月日本広報学会研究発表大会）をテーマに発表する機会を得たため、他業種も含めてあらためて高業績チームについて共通要素の整理をしてみました。

「トップダウンはなく、ボトムアップで目標を設定」「仕事の優先順位が明確でムダなことをやめると決めている」「上下左右の関係が良質でチームの雰囲気が明るい」「問題や不安はすぐに相談する風土がある」「日々創発を起こすことをチームの当たり前にしている」「内発的動機づけがベースとなり、やらされ感がない」。

チームメンバー一人ひとりが「必要とされている」「仲間がいる」「成長している」ことを実感できていました。チームのよい雰囲気が職場全体に広がれば、会社の業績向上と組織文化構築にもつながるのではないでしょうか。

Q 営業所において、ボトムアップで目標設定する仕掛けはどんなものがあるでしょうか？

Q 営業所において、一人ひとりの自己効力感を高める仕掛けはどんなものがあるでしょうか？

チーム対抗戦
重点商品の拡販のためチーム対抗和牛販売競争をやるぞ！
若手VSベテラン
えええええ！
無理ですよ〜経験も人数も少ないし僕ら若手が負けます〜
ひ……
和牛の売り方を学ぶいい機会と思え
グズグズ言ってても仕方ない…
牛の各部位がどの顧客に売れそうかやってみて結果をみんなで検証しよう！
ロースなら外食のAさんに買ってもらえそう
モモならあのお客さんに…
——1週間後
…なんと！若手の勝利だ！これは予想外！
よっしゃ〜！
今度は絶対勝つ！

第8章 加速させる

努力ではなく願望にしていく

不思議なことに、成果を出している営業所から「努力しました」「無茶苦茶頑張りました」といった声はあがらない。出てくる言葉は、「これやりたい」「こうしたかった」という願望です。成果を出した後は、「面白かった」「楽しかった」「またやりたい」「もっとやりたい」。

なぜ、彼らはそのような感覚を持てるのでしょうか。成長を実感しているからだろうと思います。**人は成長を実感しているときには喜びを感じ、没頭できる**のです。身近で実感ができる小さな成功体験が連続していくと、心地よくなり、努力から願望となり、複雑な能力や技能を持った人間へとさらに成長していく。これを心理学では、「フロー理論」といっています。人は深い楽しさに没頭している「フロー」状態にある時、その能力を最大限に発揮するという考え方です。

共通の目標の下に、成功体験が積み重なると成長のスピードが速くなります。一人では、評価やフィードバック、激励は発生しません。チームがあるからこそ互いに刺激し合い、感動も倍増していくのです。

「土壌」と「種」の関係に育てる

チームの成長には基盤が必要です。一人ひとり能力が高くても、それを支える基盤がないと伸び伸びと成長できません。

例えると、土壌と種の関係に似ています。豊かな土壌に種を植えれば、実りも豊かになります。土壌とは組織の雰囲気、文化ともいえるでしょう。どのような組織を作るかがその後の発展を決めます。目の前の数字も大切ですが、その前に数字が出る土壌になっているか。トップが自分たち組織の「ありたい姿」を思い描き、それを育んでいく必要があるのです。

事例を紹介しましょう。ある営業所では、数字が伸び悩んでいました。職場には気づまり感が漂い、会議は数字の話に終始していました。所長にヒアリングすると「本当は数字が全てだとは思っていない。皆が楽しく仕事ができる場を作りたい。もっといい営業所にしたい。

でもリーダーはちょっと頼りないから、言わないと動けない」。私からかけた言葉は「皆が楽しく仕事できる営業所を作りたいという気持ちを素直に話したことありますか?」。

所長が本音で語る

はっとした所長はさっそく実行に移し、昼休みにリーダーたちを呼びました。

(所長)「今日の昼休みに10分間集まってくれ」

呼び止められたリーダーたちの表情はやや複雑な様子でした。

「また、足りない数字の話かな」「せっかくの昼休み10分削られるなあ」

会議室に行くと用意されていたのは、お菓子とコーヒー。いつもと違う雰囲気。

(所長)「皆が楽しく仕事できる営業所にしたいと思っている。困っていることはないか。お菓子でも食べながら気軽に話を聞かせてくれ。何でも相談できるような職場の雰囲気を作りたい。各職場で定着するよう力を貸してくれないか」

(3人のリーダーたち)「これはすごくいいですね、ぜひやりたいです」

努力から願望にスイッチが入った瞬間を見ました。

あなたは部下に自分の思いを語っていますか？

話しやすい雰囲気を作るためには、どんな工夫がありますか？

呼び方で誇りと責任の形成が変わる

呼び方はある種の枠をはめてしまいます。パートさん、アルバイトさんと呼ばれると意識もそうなります。アルバイトの最高位を「スイングマネジャー」としたのは、誰が考えたのか分かりませんが秀逸です。

今から10年程前の、ある寒い冬の夜を思い出します。

大学生だった私の長女は、外資飲食チェーンM社でアルバイトをしていました。サークルやボランティアもあり、帰宅が午前0時を過ぎる時でも「わーっ！寝る時間がない！」といいながらバタバタと風呂に入り、長い髪の毛を洗って乾かして、翌朝5時には起きて、自分でご飯を作って食べて、まだ真っ暗な寒い冬の朝に自転車で出勤していました。

アルバイトなのに何でそこまで頑張れるのかと聞いたところ、「スイングマネジャーの私が行かないと、お店が7時にオープンできないの！」。

呼び名の効果もさることながら、この高いモチベーションを支える背景には、M社運営M大学という研修所での感動があったようです。

M大学ではアルバイトでも正社員と一緒に研修を受ける制度があり、各地の店舗を巡回指導するスーパーバイザーと机を並べての研修に参加したことも、仕事への誇りと役割への責任を形成していたのです。

管理者からエリア経営者へ

これをヒントに、ある国内大手小売業のエリアマネジャーの人財開発を行いました。

それまでの経営は本部が考えて、毎日1200店舗に指示書がメールで送られる、チェーンストアマネジメントと呼ばれる方式でした。本部からの指示通り売場を作ることのできる店長が高く評価され、店舗巡回するエリアマネジャーは指示書通りにできているか、「管理する」のが仕事でした。

しかし、業績が頭打ちとなったことから人財開発が着目されました。最初に行ったことは、**アイデンティティの切り替え**です。

エリアマネジャーのアイデンティティを「管理する」から「経営する」に変え、次にエリアマネジャーが店長の意識を変える2段階プロジェクトとしました。

主体的に取り組むとどんどんアイデアが出てくる

この企業は全国チェーンのため、同じ大きさの店であっても地域によって住む人が違う。学生、お年寄り、主婦、場所によっては店の前を歩くのは外国人が一番多いという地域もあります。そこで、エリアごとに重点店舗を決めて店長に権限を与え、「店の前を歩く人を実際に自分の目で見て、自分達で考えて売場を作ってみよう」とミッションを与えました。「君はこのエリアで数少ない選ばれた店舗の店長だから誇りを持ってほしい。そして地域をよく観察してこの店の経営者になってほしい」と意識を変える言葉を投げかけたのです。

昨日まで**毎日メールで飛んでくる指示書通りに働く店長から、お客様を喜ばせられる売場をスタッフと一緒に作る店長**になるためです。すると、当の本人達も驚くほどアイデアが湧き出て、売上げ向上といった成果がすぐに出ました。この小さな成功体験が自信になり、エリアマネジャーと店長は連携して本部に提言するほどになったのです。

顧客のロイヤルティーを高める施策や数億円単位のコスト削減策だけでなく、新しいビジネスモデル提案もありました。「たったの半年で人はこんなに大きく変化するのか」、一番感嘆したのは、半年前には半信半疑だった社長でした。

Q あなたの会社のアイデンティティは何ですか？

Q あなたのアイデンティティは何ですか？

“守破離”を学び事業継承

この企業は全国チェーンのため、事業継承は、多くの会社が直面する代表的課題です。実際、2代目社長の悩み解決をコンサルティングする機会は多い。うまくいく会社に共通するのは、守破離《しゅはり》ができています。守破離とは、武道での師弟関係を表す考え方です。私自身は若い頃、少林寺拳法を身につける中でたたき込まれましたが、これは事業継承にこそ当てはまります。

師弟関係における修行は師の型を学び、守ることから始まります。事業継承でいえば、先代の創り上げた土台をきっちりと受け継ぐことです。「先代は古い」といって型を身につける前に否定すると事業継承は失敗します。型破りという言葉の通り、型はあってこそ次なる飛躍が見込めるのです。先代の功績や考え方や事業への思い、創業理念をよく知り、尊重することが最初の第一歩です。

型破りとは、型があってこそできる

第2段階は、守ってきた型を冷静に分析し、変革することで破っていきます。型を守ることだけにこだわると既存顧客を大切にすることは正しいのですが、行き難い新しい市場の開拓をする力が弱くなります。

リーマン・ショックの時には、軒並み物が売れなくなりました。当然、多くの会社が頭を抱えました。しかし、ある機械部品販売会社の2代目は、新規顧客開拓をしたチームには特別ボーナス制度を新しく作ることで、売上げを伸ばし続けました。

2代目いわく、「先代であれば、おそらく新規開拓の営業でもリーダーシップを発揮していただろう。自ら先頭に立って営業し、社員もそれについていきながら危機を乗り切っていたと思う。しかし、経験の浅い私には売り先が思いつかなかった。かといって、社員にただ売ってこいと言ってもモチベーションは上がらない。皆が喜んで売り先を見つける、そして新しい売り方を創造するには、新規開拓に成功すればチームにも見返りがあるという仕組みをつくればいいと分析して、特別ボーナスをつけることにした」。まさに、状況を客観的に分析し、型を破った良い例だといえます。

時代に合った新たな発想で巣立つ

型を身につけ、改善することで破ったら、いよいよ次のステップになります。武道では新しい流派を立ち上げて巣立っていくことを意味しますが、会社の経営においては、新技術開発や新事業展開といえます。2代目自身が仕事にかける思いを遂げることだともいえます。

私の会社では、研修参加者の名前をうちわに書いて配布することがあります。そのうちわ制作会社は、今も機械の汚れをふき取る産業用ウエスなどの資源リサイクル事業者でした。

2代目はそこで働いていた知的障がい者が「仕事で自分が役に立ててうれしい」といった声を聞き、もっと障がい者に働く喜びを感じられる機会を創りたいと考え、企業向けに販促物を制作する新規事業を始めました。社長の動機は売上げを上げたいといった従来型の経営目標ではなく、障がい者が働く喜びを感じてもらえる機会をもっともっと提供したいということでした。

新規事業で売上げを拡大することだけでなく、時代に合った経営目標、あるいは新たな経営者の姿を目指して、巣立つことも「離」になるといえるのではないでしょうか。

Q 「守破離」に例えると、あなたの会社の「守」は何ですか？

Q 「破」と「離」はどんなことが考えられますか？

自動発注時代の到来で求められる発想転換

最近増えているミニスーパー、例えば、まいばすけっとや、ＥＤＬＰ（エブリデーロープライス）戦略のローソン１００、24時間営業スーパーの西友では、定番商品を切らさない自動発注方式で店舗コスト削減に成功し、業績を伸ばしています。クラウドとＡＩ（人工知能）で今までの受発注方式が根本から変わる産業革命が進行しており、流通の在り方が大きく変わろうとしているといえます。

従って、数字に基づく消費者行動の分析を行っていない量販店は、将来なくなっていくでしょう。同様に、卸売業界の営業は自動発注により定番商品で埋め尽くされる量販店に対して、「これ、まだ御社のお店にないですよね。他店で売れているから販売してみてはどうでしょうか」といった従来型の提案を持っていくだけでは、スペース確保、拡大はままなりません。自動発注ではカバーできない役割が求められることになるでしょう。

他の業界から学んでみる

自動発注は、店舗のコストを思い切りそぎ落とすという点で大きく貢献します。これが進化すると、量販店がリアルタイムで卸やメーカーの在庫までを把握する必要性が高まり、近い将来、スーパーでの販売情報と卸の在庫情報がリンクすることになるでしょう。

このような仮説は、自動発注が進んでいる自動車業界を見れば容易に成り立ちます。

トヨタのジャストインタイム生産システム、いわゆるカンバン方式は、必要な物を、必要な時に、必要な量だけ生産します。これは、トヨタが部品メーカーの部品製造段階の状況や運送プロセスをリアルタイムに把握しているために、川上から川下までの最適化が実現しているのです。

ここで注意しなければならないことは、自動発注が進むと、卸業界はオリジナルの戦略的発想を持たないと倉庫管理業と物流業に成り下がってしまうということです。流通での主導権を持ち続けるためにはどうしたらいいのでしょうか。

大局を捉え、卸と量販店が一緒に考える

本書では、地域をよく見て調査をした上で独自の提案を各地の量販店にした方がよいと書いてきましたが、自動発注といった大きな時代の流れには、ダイナミックな発想で立ち向かう必要があります。卸と量販店が組んで考える3×3マトリックス戦略は大局観育成には有効です。

3×3マトリックスとは、横軸に得意先会社名、その競合会社名、ユニークな戦略を取っている会社名を入れ、縦軸に得意先本部の販売戦略、売場の戦術や特徴、消費者の評価とします。各フレームに書き込む内容は、卸の営業マンと量販店のバイヤーが一緒に考えます。全てを記入すると、客観的に全体像を把握することができ、自分達と競合店の優れた部分や不足部分が明らかになるのです。

ここで大切なことは、このフレームで勝ち負けを考えるのではなく、**自分達の得意なことを伸ばそう**という発想にすることです。

こうなると、卸と量販店によるチームマーケティングになり、自動発注方式が伸びてもびくともしない信頼関係で結ばれることになります。

Q お客様との信頼関係を高める独自の方法は何ですか？

Q あなたの業界でユニークな販売方法を実行している会社はありますか？

第9章 変革を習慣化させる

一人ではない感覚が大切

朝、会社に着いてすぐに仕事に気持ちが入る人は、どのくらいいるでしょうか。人によっては、スケジュール表をチェックする、コーヒーを飲むなど、やることを決めて意識を高めることをしているかもしれません。

セルフマネジメントとして皆、個人的に何かをしていることでしょう。これを職場全体ですることで組織が活性化するだろうと考えられたのが、気持ちの「チェックイン」「チェックアウト」です。私自身は講師育成の中で、彼らの緊張緩和や発言しやすい雰囲気作りのために10年前から行っています。いつの間にか名前がついていました。

始業時にお互いの気持ちを聞いて目標に意識を向けるのが「チェックイン」。終了時に互いにフィードバックすることで承認された感覚や成長を実感できるのが「チェックアウト」。一人では味わうことのできない感覚がそこにあります。

たった2分のペアセッションでエネルギー倍増

人財開発を目的とした「チェックイン」には、やり方がある程度決まっています。2人1組となり（1）気持ちを聞く（2）目標を聞く（3）ほしいサポート（4）讃える。

「今の気持ちはどんな感じ？」と聞かれれば、その時の気持ちを言葉にすることで自己開示ができます。「今日の目標はどこに置いている？」と聞かれれば、目標設定せざるを得ません。「その目標達成のために助けになりそうな人（モノ・コト）は？」「私ができることは何？」と言われれば、自分一人ではないことを実感できるし、支援してほしいことを言いやすくなります。「○○さんて、ここがすごいね。きっとできる。私も支援する」と言われれば、エネルギーは倍増してモチベーションは相当アップします。

「チェックアウト」の場合は、（1）気持ちを聞く（2）成果を聞く（3）役立った支援（4）讃える。

メリットは、一日の始まりと終わりが互いに気持ちよくなり、楽しみながら一緒に自分を振り返ることで、承認する習慣ができます。他者を助け見守ることで、仕事＆プライベート両面に通じる人間となり、器が大きくなるといえるでしょう。

聴いてもらえる喜びがエネルギーの源泉

1週間に一度でもいいです。**1週間に1回必ず30分**やって大きな成果をあげている会社もあります。何組か前週のペアで印象に残ったことを他者に紹介すると、なお良いといえます。2人組は毎週変える、となりのチームのメンバーと組む、他部署の人たちと組むことで相手の仕事を理解したり、部署を超えたコミュニケーションになったりします。

会議でも活用可能です。いきなり本題に入って意見を発言しにくい場合、参加者達がチェックインで自分の発言を聞いてもらう体験をすることで、発言への心理的抵抗を下げることができます。こういう小さなコミュニケーションの積み重ねが、関係性の高い組織を作り出していくのです。ちょっとしたことですが、一人ひとりの気持ちを聞き合う体験を積み重ねているチームは強いのです。

人が潜在力を発揮するための第一歩は「こういうのどうかな?」といった発言ができる、つまり安心して自分の意見が言える。話を聞いてもらえる環境があることが、何よりも大切なのです。

Q 営業所では、朝と夕方にどのような声を掛けているでしょうか？

Q 営業所で社員と気持ちを共有する仕掛けをどうしたら作れるでしょうか？

成功の循環モデルを定着させる

結果を出したいとは誰もが思います。しかし、一人で結果を出し続けるのは難しい。一緒に考え、創発し合える仲間がいればエネルギーは倍増し、成果を出し続ける循環が生まれます。

これを理論化したのがマサチューセッツ工科大学のダニエル・キム氏。彼は組織におけるさまざまな事象とその因果関係を分析し、「成功の循環モデル」を提唱しました。関係の質がよいと、思考の質が前向きになり、行動が改善し、結果が出せる、という考え方です。

私がこの理論に出会ったのは7年ほど前。それまでもチームの関係性を良くすることにはこだわってきましたが、方向性が間違っていなかったことを確信しました。

グッドサイクルとバッドサイクルとは

キム氏の考え方をもう少し追いかけてみましょう。組織の中には、「グッドサイクル」と「バッドサイクル」があります。

グッドサイクルとは、(**1**)お互いに尊重し合えて一緒に考えることができる(関係の質)。(**2**)

気づきがあって面白くなる（思考の質）。（**3**）自分で考えて自発的に行動ができる（行動の質）。（**4**）成果が得られる（結果の質）。（**5**）さらに信頼関係が高まる（関係の質）。……です。

一方、バッドサイクルとは、（**1**）求める成果が出ない（結果の質）。（**2**）対立や命令、押し付ける（関係の質）。（**3**）面白くないので受け身になる（思考の質）。（**4**）自発的に行動しない（行動の質）。（**5**）関係が悪化する（関係の質）。……となります。

バッドサイクルは「結果」が最初に来ますが、グッドサイクルは「関係性」からスタートする点が異なっています。現実においては、「結果」のみに着目している企業は多くないでしょうか。急がば回れ、ではないですが、**良い関係や良い雰囲気を作ることに心を傾けるゆとり**を持つことが、最後に実を獲ることにつながるともいえます。

社員の力を信じる

組織の循環モデルは危機に陥った際によく分かります。暗くなりがちな危機時でも人を信じチームの力を信じ、明るく良い関係を保つことができるかどうかが運命を決めます。そう感じた事例を紹介しましょう。

福島県いわき市を中心に店舗展開する食品スーパーのマルトは37店舗、610億円の売上げで、昨年創業50周年を迎えました。

かつて、大手のチェーンストアがいわき市に出店してきた際のこと。乗り込んできた相手は600坪、迎え撃つマルトは130坪で規模は圧倒的に不利。通常なら怖気づくところですが、なんとマルトは競争相手に対し、「出店おめでとうございます！」キャンペーンを打つという陽動作戦に出ました。相手はさぞかし驚いたことでしょう。

社長は「商売は規模ではない。しょせん人対人の闘い。日々精進し、成長してきたわれわれがこの戦いで負けるわけがない！」と社員の力を信じ、鼓舞し、士気を上げました。その後、3店舗のドミナント体制で包囲網を築き上げ、大手を撤退に追いやりました。

マルトではどんなに忙しくても人財育成の時間を削りません。正社員のみならず人手不足で大変な状況であっても、パートやアルバイトに対しても教育を行います。これが社員の関係の質を高め、組織の強さを支えているといえるでしょう。

「日本でいちばん大切にしたい会社」大賞『経済産業大臣賞』（事務局＝人を大切にする経営学会）を受賞したのもうなずけます。

社員との関係性を高めるために、どんな工夫をしていますか？

もっと部下に権限と責任を委譲するには、どうすればよいでしょうか？

トップダウンだけでは限界に

全国各地の営業所を回っていて感じることは、まだまだトップダウンが多いということです。営業所長いわく「ああしろ、こうしろと指示するとよく動いてくれるから」。もちろん、所長自身それでいいとは思っていません。トップダウンでは限界があると分かっているのです。何とか社員一人ひとりの自発的な行動を促したいと願っていますが、実はやり方が分からないのです。

では、そこで私が一つ一つのやり方を教えるかというとそれはしません。所長の話をよく聞き、「所長の思いは伝わっているか」「どこが伝わっていて、どこが伝わっていないか」「伝わっていないことを伝えるにはどうしたらいいか」と質問しながら、なすべき行動を導き出していきます。世間一般でいわれている、いわゆる「コーチング」をしているのです。コーチングとは、相手の話をよく聞き、質問しながら、自発的行動を促すコミュニケーションスキルです。これを数回繰り返すことで、所長が営業社員に対しての働きかけを身につけることができるようになります。

チームコーチングの時代へ

コーチングは、そもそも1対1で行うものですが、所長が社員に対して行うコーチングは社員個々ではなく、チームへの働きかけとなります。「チームコーチング」といってもいいでしょう。一人ひとりの話をよく聞き、質問するのではなく、チームとしてどうしたいか、成果を出すにはどんな環境が必要かを質問し、チームが働きやすい環境をつくることができるように所長として協力していく。なぜなら、一人ひとりにコーチングすると思いがバラバラになってしまうからです。

これまではどれだけ人を育てたか、が着目された時代でしたが、**これからは人が育ち、成果に結びつく環境を所長がつくる**ことが企業の成長力の鍵となるでしょう。環境ができれば、チームで問題解決する力が育ち、会社としての業績にもつながっていくからです。これが実現できれば、成功循環モデルの組織風土ができるともいえます。

遊び心や小道具も活用する

環境づくりには、時には遊び心や小道具も必要です。ある所長から相談を受けました。「一人ひとりは優秀だが、チームとしてのまとまりが欠けている。どうしたらいいだろうか」

私が所長に送ったのは、100円ショップで購入したフラフープ。子どもが腰回しで遊ぶあのリングです。「毎日1分間、チームでこのフラフープに皆さんの人差し指をつけて、そのまま全員がフラフープから指を離さず床につけてください」。社員達は差し出されたフラフープに戸惑いながらも毎日チームで取り組むことに。しかし、これが意外と難しく、数日たってもなかなかできない。次に私が投げた質問は、「なかなかできませんね。でもこれを現場の何かに生かせませんか？」。

しばらく考えた末、皆の意見がでました。「この1分間で使った集中力はすごかった。毎日のミーティングもこんな風に集中できるといい」「フラフープを囲んだこの距離感がちょうどいい」「このフラフープを囲んで皆で5分間ミーティングしよう」「真ん中にキッチンタイマーを置こう」。チームでの自発的な行動が始まりました。

Q 会社の会議に社員が楽しく参加できる仕掛けは、どんなものがあるでしょうか？

Q 会議を有意義なものにするために何ができるでしょうか？

プロジェクト終了後も伸び続ける秘訣とは

顧客企業の中に、この10年間売上げ、利益ともに記録を更新し続けている食品卸会社があります。５年前に営業変革プロジェクトを行いましたが、コンサルティング終了後もずっと継続して伸び続けているのです。何が良かったのか、継続のための秘訣は何かを観察するため、毎年1回は訪問して一緒に成長を喜んでいます。

この営業所の規模は、営業マン16人、社内業務員３人、事務員は正社員２人とパート２人を合わせて23人体制。それぞれが販売、仕入れ、在庫管理、配送、管理などの役割を分担しています。一般的に営業所というところは営業を担当する販売チームが上位に位置づけられるものですが、ここは違う。５年前も一人ひとりが仕事をきっちりこなしていましたが、今はさらに進化し、パートの事務員さんも含め、皆が主人公になっているように見えます。一体何が進化したのでしょうか。

パートの事務員さんも工夫を発表する

朝礼は誰もがリラックスしながらも真剣に取り組む姿がありました。時間を大事にしている緊張感のある朝礼が10分で終了。続いて1人2分間で1ヶ月の間にお客様に誉められたこと、喜んでもらったこと、何を頑張ってきたのか、どういう工夫をしたのか、などをスライドにまとめた発表が行われていました。この自分の活動や感動を共有し、振り返りまとめ直して発表するプロセスがお互いの刺激となって、アイデアをさらに生み出す化学反応を起こしたといえます。

夕方、全員出席の会議。よくある数字の共有シーンは変わらなかったのですが、それはすぐに終わり、後半は仕入れ、販売、在庫管理、それぞれのチームから来月の新しい挑戦テーマとアクションプランが発表されました。そして最後に事務チームの発表。パートの事務員さんが発表する姿は印象深く感じました。他の営業所ではありえない光景だからです。

「2つをこのように梱包すると縦横の長さが短くなります。従って、2割のコストカットができます」……パート事務員のAさんは、パワーポイントと段ボール箱を使いながら2つで梱包するとどのくらい配送費が安くなるか、数字を用いて論理的に説明しました。

声かけの言葉も進化し、学習する組織が出来上がる

最初からできていたわけではありません。営業所長がAさんに「事務の仕事に関わることで何か営業所のためになることを発表してほしい」と依頼した際には、「そんなこと無理です。できません」とキッパリ返答されたというのです。1年ほどしてから所長は再度声をかけました。「Aさん、配送物の梱包を工夫して効率的にやっているね。その知恵を営業所全体で共有したいからぜひ発表してほしい」。依頼する際の言葉も進化したというわけです。

「何がすばらしいのか具体的に言葉にして認めてあげることが、自信につながるのです。また、**発表することで、自分がやっていることが整理できる**と同時に、みんなに伝わるので営業所全員からも認められ、質問もされるようになってコミュニケーションが活性化し、一体化のきっかけが増えるんです」と営業所長。「学習する組織」が完全に出来上がっていました。

社員一人ひとりが発表する機会をどうすれば持てるようになるでしょうか？

いろんな役割の仲間の仕事を理解し合うために、どんなことができるでしょうか？

おわりに

「180日間営業変革プロジェクト」をここまで読んでいただき、誠にありがとうございます。

チームで潜在能力を発揮していくエンパワーメントな営業所づくりに貢献できることに、やりがいと喜びを感じています。30年以上人材開発に関わってきましたが、チーム力を引き出す仕事の面白さは何物にも代えがたく、情熱的に取り組んできました。このような仕事に携われることに幸せを感じます。

幸せとは、役に立つこと、必要とされること、ほめられること、愛されること。この4つが仕事の中でより多く体験できる程、幸せな仕事人生を送ることができるのではないでしょうか。今後のリーダーはそのような「環境」をつくることが大きな仕事になると思います。肉体労働では、手を動かせばある程度の成果が出ます。しかし、これからの営業の世界はいかにお客様に貢献できるか、さらにはお客様さえ気づいていない新しい満足を創り出せるか、が問われます。多くの競合の中から選ばれ、お客様と一緒に成長・発展していく姿が理想ではないでしょうか。

最近、180日間営業変革プロジェクトをお手伝いしたチームの成果報告会では、次のようなコメントがありました。「自分達のミッションと顧客ニーズが合った仕事になってきている」「お客様から褒められることが増えた」「自分の成長が実感できて互いに動機づけされるチームになったと感じる」「仲間を信頼して仕事をするようになった」「みんなから信頼されていると感じる」「任せてくれているからベストを尽くせる」「このチーム最高です！ この営業所が大好きになりました」

これらのコメントを発表する時の皆の目は生き生きしています。最初の研修で体を斜めにして「何？ この忙しい俺たちに研修なんて時間の無駄」と聞く姿勢が全くなかった営業マンが、こんなに変化するのです。この瞬間が見たくて私は仕事を続けています。こんな組織風土の会社を日本に広げていくことに、これからもベストを尽くしていきます。皆様にお目にかかって直接180日間営業変革プロジェクトの醍醐味をお伝えできる日を楽しみにしています。

最後に本書出版にあたり、日本食糧新聞で初の漫画付きコラム「チーム営業」連載を快諾してくださった川崎博之編集長、4コマ漫画で彩りを添えてくれたマンガエッグエンターテイメントの岡裕史さんと橋本祐介さん、企画の段階から仕上げまで支援してくれた広報コンサルタントの石川慶子さん、本のレイアウトを丁寧に仕上げてくださった日本食糧新聞社出版部の山本美香子さん、チーム力のすごさを私に感じさせてくれた多くのお客様と大切な仲間に心からの感謝を述べたいと思います。

２０１７年2月

嶋谷光洋

嶋谷 光洋（しまたに みつひろ）
株式会社アイマム　代表取締役社長
1962年生まれ、大阪府出身。立命館大学経営学部卒。
独立系商社のOA機器法人営業部でトップセールスの実績を残す。その後、人財開発コンサルティング会社にて教育企画と新規開拓営業に従事。2000年アイマムを設立して独立。「創発するチームづくり」のためにアクションラーニング、マーケティング、マネジメントを統合したプログラム開発や講師、コンサルタントの育成に尽力。2012年「180日間営業変革プロジェクト」を開発。2015年チームマーケティングを提唱。現在、食品・流通・情報通信などの企業に組織開発コンサルティングを手掛けている。

180日間営業変革プロジェクト
～チーム営業で成功する９つの法則～

定価：本体 1,800円（税別）

平成29年2月13日　初版発行

著　者：嶋 谷 光 洋
発行人：松 本 講 二
発行所：株式会社　日本食糧新聞社
〒103-0028　東京都中央区八重洲1-9-9
編　集：〒101-0051　東京都千代田区神田神保町2-5 北沢ビル
電話03-3288-2177　FAX03-5210-7718
販　売：〒105-0003　東京都港区西新橋2-21-2 第1南桜ビル
電話03-3432-2927　FAX03-3578-9432
印刷所：株式会社　日本出版制作センター
〒101-0051　東京都千代田区神田神保町2-5 北沢ビル
電話03-3234-6901　FAX03-5210-7718

ISBN978-4-88927-259-8 C0004